Vignette de couverture : « Kubri Gumbo », le seul pont traversant le Nil Blanc au Soudan du Sud. Il s'agit d'un *bailey bridge*, un pont préfabriqué conçu pour un usage militaire qui a été mis en place par l'administration coloniale anglaise pendant la Seconde Guerre mondiale.

ÁRABI JÚBA:

UN PIDGIN-CRÉOLE DU SOUDAN DU SUD

La collection « Les langues du monde » est publiée par la Société de linguistique de Paris, sous la direction de :

Samia NAÏM (CNRS)
Agnès HENRI (INALCO)

La collection « Les langues du monde », fondée par G. Bergounioux et E. Beaumatin, propose une série de descriptions de langues, groupes ou dialectes, vivants ou éteints, à tradition écrite ou orale, avec la caution scientifique que lui apporte la Société de linguistique de Paris qui l'édite : sans exclusive d'école, elle introduit le public francophone au résultat de recherches avancées sous la forme de synthèses informées et autorisées, ouvertes aux prolongements, à la comparaison et au débat.

Dans la même collection :

Samia Naïm : *L'arabe yéménite de Sanaa*
Claire Le Feuvre : *Le vieux slave*
Claire Blanche-Benveniste : *Le français. Usages de la langue parlée*
Annie Montaut : *Le hindi*
Alain Delplanque : *Le dagara-lobr*
Philippe Grangé : *L'indonésien*
Claire Moyse-Faurie : *Te lea faka'uvea. Le wallisien*

D/2017/0602/80
ISBN 978-90-429-3504-4 (Peeters Leuven)
ISBN 978-2-7584-0281-7 (Peeters France)

LES LANGUES DU MONDE
une collection de la
SOCIÉTÉ DE LINGUISTIQUE DE PARIS
VIII

Stefano MANFREDI

ÁRABI JÚBA:
UN PIDGIN-CRÉOLE DU SOUDAN DU SUD

PEETERS
LEUVEN - PARIS
2017

AVANT-PROPOS

Le présent ouvrage constitue la première grammaire descriptive du pidgin-créole à base lexicale arabe nommé *árabi júba* (fr. *arabe de Juba*, ang. *Juba Arabic*, ci-après indiqué par l'abréviation AJ). À ce jour, l'AJ a encore peu attiré l'attention des créolistes. Cela s'explique par le fait que les linguistes travaillant sur les théories de la pidginisation et de la créolisation ont toujours limité leur attention à des pidgins et des créoles lexicalisés par des langues européennes. Par ailleurs, à quelques exceptions près, les arabisants ont largement ignoré l'AJ en le considérant de manière simpliste comme une variété « réduite » d'arabe et, en tant que telle, non digne d'être décrite à l'instar d'autres variétés d'arabe.

Dans un tel contexte, cette description grammaticale est destinée à délimiter une série de catégories grammaticales en AJ, susceptibles de donner lieu à des comparaisons typologiques fructueuses. Par sa visée explicative et non purement descriptive, cette grammaire insiste sur la non-homogénéité du processus de pidginization/créolisation en adoptant une perspective multi-causale qui vise à mettre au clair les traits grammaticaux dérivant du superstrat, du substrat, ainsi que des développements internes à la langue. À cet effet, cette étude adopte une perspective de synchronie dynamique qui prend en considération un ensemble de facteurs sociaux intervenant sur la variabilité des structures linguistiques de l'AJ. Le fait que l'AJ soit à la fois un pidgin et un créole en contact avec sa langue lexificatrice fait de cette langue un objet d'étude particulièrement pertinent pour l'analyse du changement linguistique impliqué par la créolisation de sa version véhiculaire (nativisation) et par la décréolisation de sa version vernaculaire.

La grammaire se compose de neuf chapitres. Après une introduction socio-historique (*Introduction*), le deuxième chapitre (*Phonologie*) explore les structures phonologiques telles que les consonnes, les voyelles et les syllabes ainsi que leur origine et leur variation phonétique. Le troisième chapitre (*Le nom et le syntagme nominal*) présente une analyse morphosyntaxique détaillée du nom, des adjectifs, des pronoms et des autres modificateurs du nom. Le quatrième chapitre (*Le verbe*) est dédié à la description morphologique des verbes et des procédures morphologiques de dérivation verbale. Le cinquième chapitre (*Temps, aspect et mode*) présente une analyse formelle et sémantique du système de marquage des catégories du temps, de l'aspect et du mode. Les chapitres six (*Syntaxe et sémantique des prédicats*) et sept (*La syntaxe de la phrase complexe*) explorent respectivement la syntaxe des prédicats verbaux et non verbaux et les unités phrastiques complexes. Le huitième chapitre (*Adverbes et autres parties du discours*) décrit les formes et les fonctions des adverbes, des marqueurs de discours et des idéophones. Enfin, le neuvième chapitre (*Négation, interrogation et focalisation*) donne une vue d'ensemble des caractéristiques morphosyntaxiques et prosodiques des énoncés négatifs, interrogatifs et focalisés de l'AJ. La description se clôt avec un texte narratif transcrit, annoté et traduit suivi par un lexique incluant quelques centaines d'entrées lexicales (substantifs, adjectifs et verbes). La description grammaticale est développée en conformité avec une approche empirique basée sur l'analyse des données originales collectées sur le terrain.

REMERCIEMENTS

Ce travail n'aurait pas pu aboutir sans l'aide généreuse des nombreux informateurs sud-soudanais qui, à différents moments, ont accepté de partager leur bagage de connaissances linguistiques avec moi. C'est la raison pour laquelle je voudrais remercier toutes les personnes avec qui j'ai travaillé et en particulier Lowani Dima, Chris Kwoji, Claudius Waran, Sara Bojo, Godfrey Kajokole, Francis Urbano, Sunday Mojoros, Emanuel Sebit, Louis Ladu, John Pio, Nasir Pitia et Margaret Barsaba.

C'est aussi avec grand plaisir que je veux exprimer ma gratitude envers Catherine Miller (CNRS, IREMAM), pionnière des études sur l'*árabi júba*, pour la confiance qu'elle m'a témoignée ainsi que pour ses encouragements et ses conseils qui m'ont toujours été précieux. Je tiens à adresser également un remerciement particulier à Mauro Tosco (Université de Turin) qui m'a initié à la linguistique descriptive et avec qui j'ai partagé d'importants moments d'échanges scientifiques et humains lors de notre mission à Juba.

Je remercie Siham Osman, directrice du département d'arabe de l'Université de Juba, ainsi que Marina Casanova-Rossi, ex-directrice exécutive de l'Institut Français de Juba pour leur importante contribution au bon déroulement de l'enquête de terrain au Soudan du Sud en juillet-août 2013.

Enfin, je remercie Duna Troiani (CNRS, SeDyL), Marie-Claude Simeone-Senelle (CNRS, LLACAN) et ma compagne Giada Pagano pour leurs nombreuses et minutieuses relectures et pour leurs conseils en tout genre.

ABRÉVIATIONS ET SYMBOLES

=	clitique
-	affixe
\	apophonie
/	frontière prosodique mineure
//	frontière prosodique majeure
↑	intonation ascendante
↓	intonation descendante
~	réduplication
*	marque d'étymologie
A	agent
ACT	actif
adj.	adjectif
ambitr.	ambitransitif
ANT	antérieur
ANAPH	anaphorique
ARG, arg.	argotique
ASS	(focus) assertif
B	bénéficiaire
CONC	concessif
COND	conditionnel
CONTR	(focus) contrastif
DIST	distal
EXH	exhortatif
EXS	existentiel
FUT	futur
IMP	impératif
intr.	intransitif
INF	infinitif
INFO	(focus) informationnel
IRR	irréel
M	masculin
MOD	modal
n.	nom
NEG	négation
NPONC	non-ponctuel
P	patient
PASS, pass.	passif
PL, pl.	pluriel
POSS	possessif
PTCP	participe
PRO	pronom, pronominal
PROH	prohibitif
PROX	proximal
Q	interrogation
RECP	réciproque
REL	relateur
SG	singulier
tr.	transitif
TOT	(interrogation) totale
V	verbe
VOC	vocatif

1. INTRODUCTION

Cette introduction donne un aperçu socio-historique sur l'AJ. Nous présenterons d'abord les conditions sociales d'émergence de l'AJ et des autres pidgins et créoles à base lexicale arabe d'Afrique de l'Est pour ensuite tracer une présentation générale de l'actuelle situation linguistique du Soudan du Sud. Ainsi, nous contextualiserons la position de l'AJ parmi les langues créoles et nous donnerons une vue d'ensemble sur les travaux antérieurs consacrés à cette langue. Enfin, nous donnerons quelques informations sur la collecte de données et sur le corpus employé pour cette description grammaticale.

1.1. Le Soudan du Sud : l'*Urheimat* des créoles arabes

À partir de la fin du XVème siècle, suite à la pénétration de groupes arabophones tout au long de la vallée du Nil, l'ensemble de la région soudanaise a connu un processus graduel d'arabisation qui a mené au développement des dialectes arabes soudanais tels qu'on les connaît aujourd'hui. Cependant, c'est seulement avec l'expansion de la traite des esclaves qu'on assiste au processus de pidginisation de l'arabe dans les régions les plus méridionales du Soudan. En effet, les relations socio-économiques entretenues par les groupes arabophones du Soudan centro-septentrional avec les populations du Soudan méridional se sont longtemps limitées à des rapports commerciaux sur de longues distances gérés par des marchands arabes du Dar Fur et du Kordofan (Holt et Daly 1988 : 62). Bien que ces relations aient été constantes sur une période relativement longue, elles n'ont pas induit de changements linguistiques importants dans le Soudan méridional. En particulier, le début d'un processus graduel d'islamisation décelé par l'adoption de noms arabes par certains groupes locaux (Mahmoud 1983: 16) ne fut pas accompagné par un processus d'arabisation.

Cette situation se prolongea jusqu'en 1820 quand, à la suite de l'expansion turco-égyptienne opérée par le Khédive d'Egypte Muḥammad 'Ali Basha, la région soudanaise connaîtra d'importants changements dans sa sphère politico-sociale. Si, dans le nord du Soudan, la pénétration turco-égyptienne mit fin au sultanat Funğ de Sennar (1821), dans les régions les plus méridionales du Soudan, les systèmes tribaux nilotiques s'effondrèrent face à l'imposition d'un nouveau et violent ordre commercial imposé par les arabes. Ainsi commença la période connue comme *zaman al-turkiyya* « la période turque ».

Les intentions expansionnistes turques visaient en premier lieu au contrôle de la traite des esclaves pour la création de nouvelles unités militaires connues sous l'appellation de *nizam-i çedid*. C'est ainsi que, dans les années 1820 et 1840, des expéditions militaires furent lancées le long du Nil Blanc et, après avoir anéanti la résistance des groupes dinka, ouvrirent le Soudan du sud à la traite des esclaves (Holt et Daly 1988 : 48). Au début, le commerce des esclaves fut plutôt restreint en raison de l'absence de colonies stables. Néanmoins, comme conséquence de la fin du monopole turco-égyptien sur l'esclavagisme en 1850, on assista à la création de colonies militarisées connues en arabe sous le terme de *zarā'ib* (pluriel de *zarība,* littéralement « enclos pour le bétail », Mahmoud 1983 : 17). Santandrea (1964 : 18-19) décrit de façon claire et concise le système des *zarā'ib* et leur organisation sociale :

> *Zariba stands here for any establishment surrounded by a strong stockage, as a defence against possible attacks. This little town, with living huts and stores, soon became a little capital, and its owner a count or prince or king, according to the size of the territory he was able to control. This depended on his ability and means, consisting mostly of merchandise that appealed to the natives (beads, copper and cloth – later on, also firearms for chiefs) and of well-armed irregulars to protect his establishments and trading adventures. The policy towards the population ran roughly along these lines. The local chief was contacted and a pact made with him: he was required to provide all the needs of the station in return for trader's support which gave him an internal power and an external security hitherto unknown. [...] It is evident that any abuse could rise and prosper under such a system in which the trader's will was law.*

C'est donc dans ce contexte que les rapports asymétriques entre une minorité de trafiquants d'esclaves parlant des dialectes arabes égypto-soudanais et les populations nilotiques réduites en esclavage ont favorisé l'émergence d'une variété pidginisée d'arabe qui représente l'ancêtre commun des pidgins et créoles à base lexicale arabe actuellement parlés en Afrique de l'Est (Mahmoud 1983 : 21-43; Owens 1990 : 219-225 ; Kaye 1994 : 128-129)[1].

Comme l'a déjà remarqué Owens (1990 : 221-222), la composition démographique des *zarāʾib*, en combinaison avec leur ordre hiérarchique à caractère militaire, respectait les conditions typiques pour une interruption de la transmission intergénérationnelle de l'arabe en favorisant un processus de pidginisation. L'impossibilité d'une reproduction démographique normale, due à une proportion asymétrique de mâles et de femelles au sein des *zarāʾib,* exigeait un constant renouvellement des ressources humaines par la capture de nouveaux esclaves (Mahmoud 1983 : 40). Cet afflux constant de populations parlant des langues différentes allait donc élargir la communauté des locuteurs du pidgin arabe employé comme moyen de communication interethnique dans les *zarāʾib*. À la lumière de cette situation, nous pouvons nous interroger sur la genèse et la nature linguistique de cette variété pidginisée d'arabe.

Si Mahmoud (1983 : 18-20) préfère remarquer le caractère hétérogène du pidgin arabe en avançant une hypothèse polygénétique qui suppose un développement en parallèle de différentes variétés linguistiques, Owens (1990 : 222) propose une origine monogénétique en insistant sur l'isolement sociale des *zarāʾib* par rapport au tissu social du Soudan méridional, et il envisage un processus précoce de créolisation (nativisation) de cette variété pidginisée d'arabe[2].

[1] Prokosch (1986) et Miller (2008) appellent cette variété pidginisée d'arabe *Bimbashi Arabic* (du turc osmanli *bimbaši* « officier »). Par contre, Kaye et Tosco (1993), dans leur approche diachronique des pidgins et créoles arabes, proposent la dénomination *Early East African Pidgin Arabic.*

[2] A cet égard, il est important de remarquer que l'opposition entre pidgins et créoles est loin d'être claire, que l'on se place sur le plan sociolinguistique ou sur le plan linguistique. Cependant, on distingue généralement les pidgins, versions simplifiées et véhiculaires, des langues créoles, versions nativisées des premiers, dont les structures se sont complexifiées par rapport au stade du pidgin. Une troisième catégorie est celle des pidgin-créoles, c'est à-dire des pidgins partiellement nativisés (Bakker 2008 : 134). Comme on le verra, l'AJ appartient à cette dernière catégorie.

L'hypothèse monogénétique d'Owens semble être confirmée par les caractéristiques linguistiques partagées par les pidgins et les créoles arabes parlés en Afrique de l'Est (Tosco et Owens 1993). Cependant, nous prônons une option « moyenne » dans l'explication de la genèse du pidgin arabe sud-soudanais. Quand on parle de la *lingua franca* des *zarāʾib,* on fait référence à une seule variété pidginisée d'arabe, malgré le haut degré de variation individuelle due à l'hétérogénéité ethnolinguistique de ses locuteurs. Il semble donc que nous sommes confrontés à un seul idiome interethnique qui, à cause de son émergence soudaine, n'a pas encore connu la stabilisation structurelle propre des langues créoles.

Quoiqu'il en soit, la variété de contact à base lexicale arabe dans le contexte esclavagiste du Soudan méridional au XIXème siècle a fourni la base linguistique pour le développement des pidgins et des créoles à base lexicale arabe d'Afrique de l'Est. À ce jour, il y a un large accord sur le fait que les pidgins et les créoles arabes se répartissent en deux branches principales (Owens 1996 ; Tosco et Manfredi 2013) : une branche occidentale incluant le tourkou et l'arabe de Bongor, et une branche orientale incluant le (ki-)nubi et l'AJ. Compte tenu de leur origine historique commune, ces langues partagent un grand nombre de traits, tant dans le domaine de la phonologie que dans celui de la morphosyntaxe. Cependant, en raison de leur dispersion géographique et des différents degrés de nativisation, ils révèlent également d'intéressantes divergences structurelles.

1.1.1. Le tourkou et l'arabe de Bongor

En 1878, suite aux mesures anti-esclavagistes imposées par le gouvernement colonial britannique, l'administration turco-égyptienne lançait une expédition militaire guidée par l'italien Romolo Gessi dans le but de limiter le pouvoir des trafiquants d'esclaves dans les régions méridionales du Soudan (Holt et Daly 1988 : 70). C'est ainsi que le marchand d'origine nubienne Rabah al-Zubayr se retira avec ces troupes d'esclaves soldats dans la région du Chari-Baguirmi au Tchad occidental. Ce déplacement de population fut la cause de la première scission linguistique du pidgin arabe sud-soudanais qui donna naissance au pidgin nommé tourkou[3].

La seule documentation originale concernant le tourkou remonte aux années trente du XXème siècle et a été produite par le français Gaston Muraz dans son *Vocabulaire du patois arabe tchadien ou etourkoue et des dalectes sara-madjinngaye et sara-m'baye (S.O. du Tchad)*. Sur la base de ce témoignage colonial, Owens et Tosco (1993) ont démontré le lien entre le tourkou et les autres pidgins et créoles arabes d'Afrique de l'Est, en mettant en évidence un nombre de traits partagés dans le domaine de la phonologie et de la morphologie.

Bien que le tourkou n'ait jamais été nativisé, il semble qu'après le déplacement de Rabah al-Zubayr il a commencé à être employé comme langue véhiculaire par les populations locales du Tchad occidental. À ce jour, il est plausible de penser que le tourkou a donné lieu à une autre variété pidginisée d'arabe connue comme l'arabe de Bongor (Luffin 2008), parlé dans la ville du même nom située sur la frontière entre le Tchad et le Cameroun. Cependant, en raison de la forte influence opérée par les dialectes arabes tchadiens, l'arabe de Bongor est affecté par un processus de dépidginisation, comme en témoigne la présence de pronoms clitiques qui ne sont pas attestés dans les autres variétés de contact à base lexicale arabe (Tosco et Manfredi : 502, *cf.* 1.3.).

1.1.2. Le (ki-)nubi

Le début de la révolution du Mahdi Muhammad Aḥmad en 1881 mit définitivement fin au contrôle turco-égyptien sur la zone équatoriale du Soudan (Holt et Daly 1988 : 76-77). Ainsi, en 1888, à la suite d'une expédition militaire de l'armée mahdiste, le gouverneur de la région de l'Équatoria, l'Allemand Isaak Eduard Schnitzer, fut obligé de quitter le Soudan méridional et de s'enfuir en Ouganda avec les esclaves soldats qui restèrent fidèles au pouvoir central (Owens 1990 : 220). Les années suivantes, les mêmes soldats se joignirent aux troupes britanniques des King's African Rifles et se déplacèrent au Kenya et au Tanganika. Cette

[3] Le glossonyme *tourkou* dérive du terme arabe *turk, turuk* « turc » qui, selon Santandrea (1963 : 34), était déjà employé au Soudan méridional pour se référer aux Arabes égyptiens et soudanais pendant la période de *al-turkiyya.*

série de migrations est à la base de l'émergence du créole à base lexicale arabe nommé (ki-)nubi[4].

Le départ soudain des esclaves-soldats du Soudan méridional causa une interruption de la transmission intergénération-nelle de leurs langues ancestrales, en induisant une rapide nativisation du pidgin arabe des *zarāʾib*. Si, selon Owens (1990), le (ki-)nubi était déjà stabilisé sous forme de créole avant 1888, d'autres études (Kaye et Tosco 1993 ; Nakao 2016) montrent bien qu'au début du XXème siècle au moins deux niveaux de langue coexistaient au sein de la communauté des déplacés sud-soudanais : un pidgin arabe parlé par les esclaves soldats à côté de différentes variétés d'arabe dialectal parlées par les officiers de l'armée. Cette situation diglossique aurait donc continué à influencer le développement du (ki-)nubi en dehors du Soudan. Bien que l'intercompréhension entre les locuteurs du (ki-)nubi et d'AJ est très aisée (*cf.* Luffin 2005 : 5). Le (ki-)nubi montre aussi d'importantes innovations, principalement en raison de sa nativisation (Manfredi 2017) et de l'influence de son adstrat kiswahili (Luffin 2014).

À ce jour, le (ki-)nubi est la première langue de plusieurs communautés dispersées entre l'Ouganda et le Kenya pour lesquelles il représente aussi un important élément d'identification ethnique. Contrairement au tourkou, les différentes variétés géographiques du créole (ki)-nubi ont été relativement bien décrites (voir Heine 1982 pour la variété de Kibera, Kenya ; Luffin 2005 pour la variété de Mombasa, Kenya ; Wellens 2005 pour la variété de Bombo, Ouganda) et on dispose aussi d'un certain nombre d'articles qui analysent la diachronie de certaines caractéristiques de ce créole (Owens 2001, 2014). Le (ki-)nubi et l'AJ sont traditionnellement classifiés dans la branche orientale des pidgins et créoles arabes d'Afrique de l'Est.

---

[4] Le glossonyme *(ki)-nubi* dérive du mot arabe soudanais *nūbī* « esclave noir » qui a été ensuite modifié par l'intégration du préfixe nominal *ki-* emprunté au kiswahili (Luffin 2005 : 15 ; Wellens 2005 : 23).

1.1.3. L'arabi juba

À la fin du soulèvement mahdiste, en 1899, on assiste à une graduelle diminution de la présence d'arabophones au Soudan méridional. Dès 1888 le gouverneur de l'Équatoria, Eduard Schnitzer, avait déjà commencé à expulser massivement les Arabes soudanais et égyptiens présents dans la région (Mahmoud 1983 : 39). Ensuite, l'arrivée des troupes congolaises sous commandement belge, en 1891, a entraîné une diffusion du bangala au détriment de l'arabe (Santandrea 1964 : 35). Enfin, la reconquête du Soudan par le gouvernement colonial britannique, en 1899, marqua le début de la politique du *Closed District* qui empêchait tout Arabe de pénétrer dans les provinces méridionales. Pendant la même période, on assiste à l'affirmation d'une politique linguistique qui visait explicitement à limiter la diffusion de l'arabe au Soudan méridional en favorisant la standardisation des langues dites « autochtones » (Mahmoud 1983 : 43-44 ; Miller 1991 : 157).

Malgré ces changements sociaux, le pidgin arabe sud-soudanais a continué à être employé comme principal moyen de communication parmi les différents groupes ethniques de la région et, en raison de sa partielle nativisation en millieu urbain, a donné naissance à l'AJ tel qu'on le connait aujourd'hui. À la suite de la fondation du centre urbain de Juba en 1927, une partie des ex-esclaves soldats sud-soudanais s'installèrent dans le quartier de Malikiya (Nakao 2013b). C'est donc dans ce contexte que le pidgin arabe des *zarā'ib* a commencé à être acquis comme première langue de socialisation, suite à la progressive détribalisation de la nouvelle population urbaine. Ce processus de nativisation a été opéré en premier lieu par des populations d'ethnie bari dont la langue ancestrale constitue aussi la principale langue du substrat de l'AJ (*cf.* 1.2). Cependant, au fil du temps, l'AJ a commencé à être nativisé aussi par d'autres groupes ethniques présents à Juba.

À ce jour, l'AJ répresente la principale langue de Juba qui, entre-temps, est devenue la capitale du Soudan du Sud. En se basant sur une enquête sociolinguistique menée en 2013, Manfredi et Tosco (2014c, sous presse) montrent que l'AJ est reconnu comme langue de première socialisation par 47% de la population urbaine de Juba. Donc, si on se limite à ce contexte, l'AJ pourrait bien être considéré comme un créole ou, en d'autres mots comme un pidgin nativisé par sa communauté linguistique. Cependant, il continue à être parlé comme deuxième ou troisième langue de socialisation par la plupart de ses locuteurs qui l'utilisent comme moyen de communication interethnique. Si l'on tient compte de cette situation sociolinguistique, l'AJ est à définir comme un pidgin-créole, c'est-à-dire un pidgin nativisé seulement par une partie de sa communauté linguistique (Bakker 2008).

En raison de son rôle de *lingua franca*, l'AJ ne peut pas être soupçonné de servir d'outil d'identification ethnique comme c'est le cas pour le (ki-)nubi. Néanmoins, à partir des années soixante-dix, l'AJ a fourni une importante base d'identification supra-tribale sud-soudanaise en contraste avec les groupes arabophones du Soudan septentrional (Miller 1991b). Cette nature non-ethnique de la langue se reflète aussi dans son glossonyme *árabi juba* « l'arabe de Juba » qui fait évidemment référence au principal centre urbain du Soudan du Sud.

Le schéma suivant résume le développement historique des pidgins et créoles à base lexicale arabe d'Afrique de l'Est.

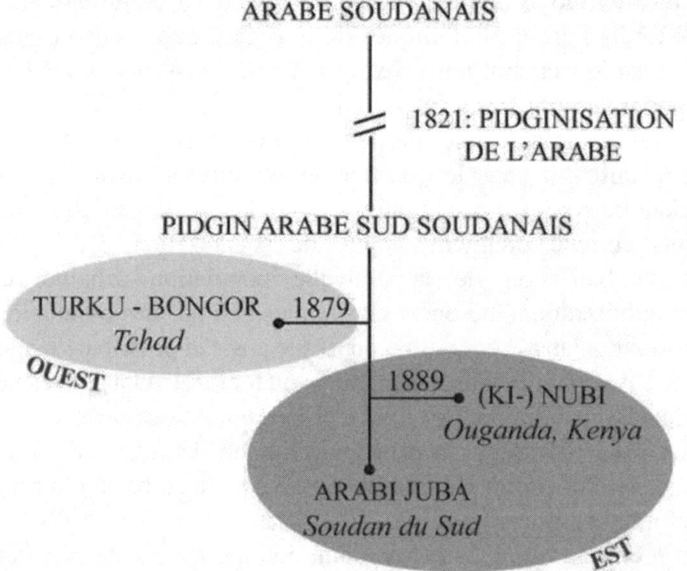

1.2. LA SITUATION LINGUISTIQUE DU SOUDAN DU SUD

Le 9 juillet 2011, à la suite des accords de paix signés en 2005 entre le gouvernement du Soudan et la rébellion sudiste du SPLM/A (*Sudan People's Liberation Movement/Army*), la République du Soudan du Sud a déclaré son indépendance, devenant ainsi le plus jeune état-nation du monde.

Situé en Afrique centro-orientale, le Soudan du Sud s'étend sur 620.000 km^2 et partage ses frontières avec le Soudan au nord, l'Ethiopie à l'est, le Kenya et l'Ouganda au sud, la République Démocratique du Congo et la République Centrafricaine à l'ouest. Le Soudan du Sud constitue un état fédéral composé de dix états fédérés créés à partir des trois provinces historiques du Bahr el-Ghazal, de l'Équatoria et du Nil Supérieur[5]. Il compte aujourd'hui près de 12 millions d'habitants dont la plupart réside à Juba, la capitale politique et commerciale du pays. En raison de son instabilité politique prolongée qui aboutit à un nouveau conflit armé en décembre 2013, le Soudan du Sud figure toujours parmi les pays les plus pauvres du monde.

De manière générale, le territoire du Soudan du Sud recouvre une des régions linguistiquement les plus hétérogènes d'Afrique avec environ soixante-dix langues différentes. Des quatre super-phylums linguistiques africains, trois (Nilo-Saharien, Niger-Congo et Afro-Asiatique) sont présents dans ce pays. Dans l'impossibilité évidente de présenter toutes les langues du Soudan du Sud, nous donnerons ici une vue d'ensemble des principaux idiomes.

Pour ce qui est des langues nilo-sahariennes, on retrouve de nombreuses langues nilotiques occidentales, dont le groupe le plus important est représenté par l'ensemble dinka-nuer, avec près de deux millions de locuteurs dispersés à travers le nord et le centre du pays. Les langues nilotiques occidentales incluent aussi le shilluk, parlé par deux cents mille locuteurs à la frontière avec le Soudan, et l'acholi, parlé par trente mille locuteurs à la frontière avec l'Ouganda et le Kenya. Dans

---

[5] A ce propos il faut remarquer qu'en octobre 2015, le président du Soudan du Sud, Salva Kir Mayardit, a unilatéralement émis l'ordre d'une réforme fédérale du pays instituant vingt-huit états fédérés. Cependant, il est impossible de savoir si et quand cette réforme sera mise en place, compte tenu du conflit civil actuel.

les régions méridionales de l'Équatoria-Central et l'Équatoria-Oriental, on retrouve différentes langues nilotiques orientales parmi lesquelles on peut mentionner l'ensemble des variétés dialectales du bari (la principale langue du substrat/adstrat de l'AJ, *cf.* 1.1.3.), avec près de cinq cents mille locuteurs, ainsi que l'otuho, le toposa et le lopit. En outre, à la frontière avec l'Ethiopie, on retrouve plusieurs langues surmiques telles que le murle, le didinga et le tennet.

En ce qui concerne les langues Niger-Congo, elles sont présentes surtout dans l'ouest du pays. Le zande, appartenant au groupe adamawa-oubangui, est parlé par près de cinq cents mille locuteurs dans la région de l'Équatoria-Occidental, à la frontière avec la République Démocratique du Congo. D'autres langues adamawa-oubangui comme le banda, le mündü et le ndogo sont parlées dans la région du Bahr al-Ghazal Occidental.

La seule langue Afro-Asiatique parlée au Soudan du Sud est l'arabe soudanais qui est diffusé surtout dans la capitale Juba en raison du retour de dizaines de milliers de réfugiés du Soudan septentrional après la signature des accords de paix en 2005. Il convient également de mentionner la présence de variétés non natives d'arabe utilisées comme moyen de communication interethnique par de nombreuses populations à la frontière avec le Soudan (*cf.* carte 1). Ces variétés, qui sont généralement désignées par le glossonyme *árabi al besít* « arabe simple, arabe facile », présentent un degré élevé de variation individuelle en raison de l'influence des langues natives des locuteurs, elles sont structurellement distinctes de l'AJ ainsi que des dialectes arabes soudanais (Manfredi 2013).

Dans l'ensemble, l'AJ représente la langue la plus répandue du pays. Diffusé surtout dans les trois régions méridionales de l'Équatoria (*cf.* carte 1), l'AJ est à la fois la première langue vernaculaire de la capitale Juba et la principale langue véhiculaire du Soudan du Sud. De manière générale, les Sud-Soudanais montrent une aptitude positive vis-à-vis de l'AJ qui est de plus en plus perçu comme un important élément d'identification nationale. En dépit de cette situation, le gouvernement du Soudan du Sud a choisi d'adopter l'anglais comme seule langue officielle du pays tout en reconnaissant le statut de langues nationales aux idiomes dits « autochtones »

(Manfredi et Tosco sous presse). Cette politique linguistique, développé en réaction à la politique d'arabisation imposée par le gouvernement de l'ex-Soudan unifié, favorise un processus de tribalisation de l'État sur une base ethnolinguistique. Ainsi, elle ne reconnait pas l'existence de l'AJ comme « langue autochtone » principalement en raison de son rôle de moyen de communication interethnique. C'est pour cette raison qu'à ce jour l'AJ ne fait l'objet d'aucune planification linguistique par l'État.

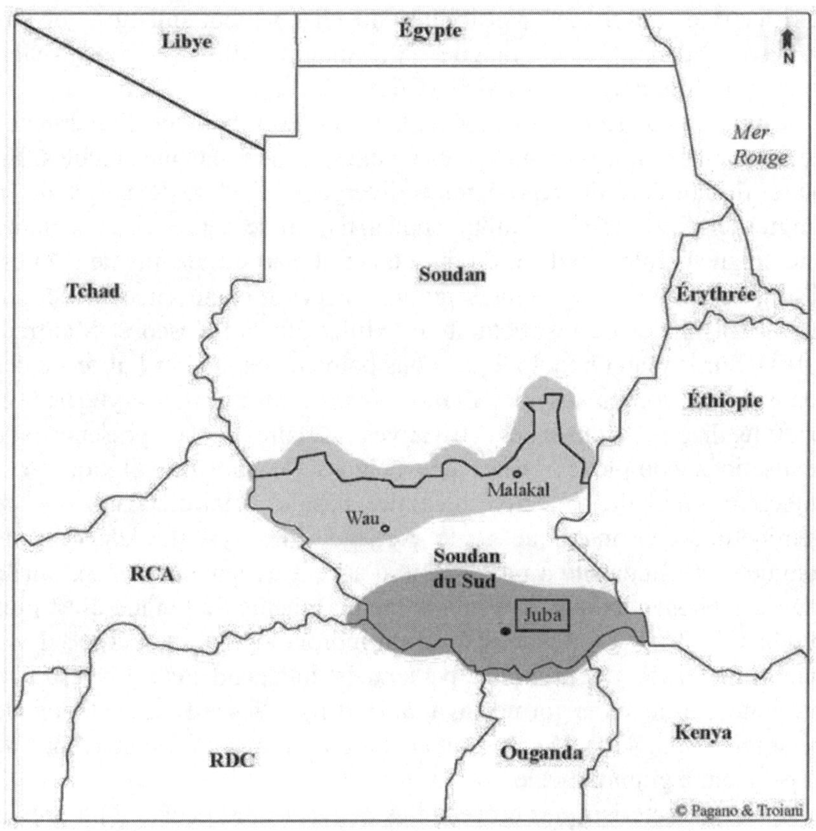

Carte 1. Aire de diffusion de l'arabe de Juba

1.3. L'ARABI JUBA PARMI LES LANGUES CRÉOLES

Lorsqu'on envisage la problématique de la définition des langues créoles, il est indispensable de prendre en compte les caractéristiques linguistiques qui les définissent, leurs processus de formation et leur spécificité typologique, si on admet qu'elles en ont une. Les sources disponibles montrent que les pidgins et les créoles sont apparus au cours d'événements « extraordinaires ». En effet, le développement des pidgins, et donc des créoles, comportant nécessairement une rupture de la transmission intergénérationnelle de la langue lexificatrice, ouvre des possibilités de changement qui ne sont pas admises dans des langues résultant d'une transmission intergénérationnelle « normale » (Comrie 2011).

Comme nous l'avons évoqué auparavant, les modalités d'émergence de l'AJ sont tout à fait conformes à celles d'autres langues créoles. En outre, du fait de traits typologiques divergents, l'AJ se démarque de sa langue lexificatrice (i.e. l'arabe soudanais) en se caractérisant comme une langue créole. En dépit du fait que la plupart du lexique de l'AJ est d'origine arabe, ses structures grammaticales mettent en évidence un important procès de restructuration (Miller 2002a ; Tosco et Manfredi 2013). Sur le plan phonologique, nous pouvons remarquer l'absence des réalisations complexes de l'arabe (ex. consonnes pharyngales et pharyngalisées, consonnes fricatives vélaires), la présence de réalisations complexes issues des langues du substrat nilotique (ex. injective bilabiale, injective dentale, nasale vélaire), l'absence de gémination consonantique et le passage d'un système d'accent de longueur et d'intensité à un système d'accent de hauteur (*cf.* 2). Sur le plan morphosyntaxique, le système racine-schème de l'arabe n'est plus productif ; il n'y a plus de distinction morphologique de genre ; il y a une seule série de pronoms personnels indépendants ; le verbe se présente comme une forme invariable privée des affixes verbaux de personne (*cf.* 3, 4, 6). De plus, on peut remarquer une forte incidence de la polysémie grammaticale.

Si les caractéristiques précédentes peuvent faire penser à un procès de « simplification » structurelle par rapport à la langue lexificatrice telle qu'elle est observée dans d'autres langues créoles, il est aussi vrai que l'AJ possède des spécificités typologiques particulièrement intéressantes par rapport aux autres créoles. Par exemple, tant l'AJ que le (ki-)nubi (Kihm 2011) présentent un système complexe de marquage du pluriel nominal, fondé sur plusieurs stratégies morphophonologiques et morphosyntaxiques telles que la suffixation, l'adposition nominale, le large emploi de formes supplétives et de pluriel mixte (*cf.* 3.6.). Cette complexité de l'expression grammaticale du pluriel nominal est exceptionnelle, non seulement dans le domaine des langues créoles, mais aussi d'un point de vue typologique en général (Manfredi 2014b). En outre, l'AJ présente un système complexe de subordination avec de nombreuses conjonctions additives, adversatives, disjonctives, consécutives et conditionnelles dont les fonctions grammaticales ne sont qu'en partie liées à celles de sa langue lexificatrice (*cf.* 7.3.). De ce fait, l'AJ est un sujet d'étude particulièrement intéressant pour la réfutation de la vision réductionniste dominante qui décrit les langues créoles comme des systèmes linguistiques « réduits ».

Un autre facteur à prendre en compte dans l'analyse des structures linguistiques de l'AJ est représenté par son double statut de pidgin-créole. Comme on le verra par la suite, les différents degrés de nativisation de l'AJ ont un impact décisif sur la nature innovante de ses structures linguistiques, c'est le cas de la grammaticalisation des constructions prédicationnelles (*cf.* 6.1.2.), des phrases relatives (*cf.* 7.4.) et des subordonnées circonstancielles de simultanéité (*cf.* 7.3.3.1.). De plus, étant donné que l'AJ est depuis longtemps en contact avec l'arabe soudanais (Mahmoud 1979 ; Versteegh 1993), il est affecté à différents niveaux par un processus de décréolisation tout au long d'un continuum entre variétés acrolectales (les plus affectées par la langue lexificatrice) et basilectales (les moins affectées par la langue lexificatrice). Les effets du contact avec l'arabe soudanais sont particulièrement importants dans le domaine phonologique (*cf.* 2.1.2.2., 2.2.3.3.) mais ils concernent aussi les structures morphosyntaxiques de l'AJ (*cf.* 3.5.2., 7.3.5.). Enfin, comme pour d'autres langues créoles, nous devons également prendre en compte l'influence du substrat/adstrat nilotique. Ceci est particulièrement pertinent pour la description des constructions passives prototypiques (*cf.* 6.3.2.) et l'analyse des emprunts morphologiques exemplifiés par l'intégration du suffixe de pluralisation nominale *-jín* (*cf.* 3.6.1.3.).

1.4. ÉTAT DES TRAVAUX

On dispose à ce jour d'un certain nombre de travaux sur l'AJ de sorte que certaines des structures linguistiques et des dynamiques sociolinguistiques caractérisant cet idiome sont assez bien connues. Pour ce qui est des recherches sociolinguistiques, Mahmoud (1979, 1983) a le mérite d'avoir rédigé les premières études variationnistes et socio-historiques sur l'AJ. Miller, de son côté, a publié de nombreux articles sur d'autres aspects sociolinguistiques de l'AJ tels que son emploi en milieu familial (1991) et public (1989a) ainsi que son expansion fonctionnelle à Juba (1987, 1991b, 1994, 2002b). Plus récemment, Miller (2010, 2014) a analysé l'AJ comme langue écrite dans deux articles et Nasir (2014) a publié une anthologie de littérature orale et écrite en AJ. De leur côté, Manfredi et Tosco (2014c, sous presse) ont consacré deux articles à l'analyse du statut sociopolitique de l'AJ après l'indépendance du Soudan du Sud.

En ce qui concerne l'analyse linguistique de l'AJ, deux esquisses grammaticales ont déjà été publiées (Miller 2008 ; Manfredi et Petrollino 2013b). D'une manière générale, un des traits grammaticaux les plus étudiés en AJ est le fonctionnement du verbe et des marques préverbales de temps, aspect et mode (Miller 1983, 1986 ; Tosco 1995 ; Tosco et Manfredi 2014). Des études analysent d'autres domaines grammaticaux tels que les fonctions de la réduplication (Miller 2003), le marquage du pluriel nominal (Manfredi 2014b, Goldshtein sous presse), la syntaxe de la subordination complétive (Miller 2000, 2001) et l'expression du focus (Manfredi et Tosco 2014b, Nakao 2015). Trois articles analysent l'influence grammaticale du substrat nilotique en AJ (Bureng 1986 ; Miller 1989b ; Nakao 2012), tandis que Versteegh (1993) s'est intéressé à la décréolisation de l'AJ due à l'influence de l'arabe soudanais. En outre, deux articles décrivent les caractéristiques morphophonologiques et sémantiques d'un parler argotique de Juba (Miller 2004 ; Nakao 2013b). Il faut aussi ajouter la publication de plusieurs études dédiées à la comparaison des caractéristiques formellles de l'AJ et d'autres créoles à base lexicale arabe (Miller 1993, 2002a ; Manfredi 2017). En termes de ressources linguistiques, on dispose de deux corpora transcrits et annotés (Miller 2008b ; Manfredi 2014a) ainsi que d'une base de données comparative développée au sein du projet *APICS – The Atlas of Pidgin and Creole Language Structures* (Manfredi et Petrollino 2013a). Enfin, on peut mentionner la publication d'un manuel didactique (Watson 1985) et d'un dictionnaire AJ-anglais (Smith et Ama 2003).

1.5. LE CORPUS

La présente description grammaticale est basée sur l'analyse de données originales, collectées lors de plusieurs missions de terrain à Juba (Soudan du Sud) et à Khartoum (Soudan), entre 2007 et 2013. L'analyse est fondée à la fois sur des données produites par élicitation et sur des enregistrements oraux spontanés. L'activité d'élicitation a couvert différents domaines grammaticaux, accordant une place particulière à la syntaxe complexe, à la sémantique grammaticale et aux phénomènes pragmatiques. Pour l'élicitation des données, nous avons utilisé plusieurs questionnaires conçus pour la description et la comparaison typologique tels que le questionnaire sur l'expression du temps, de l'aspect et du mode mis au point par Dahl (1985) ou le questionnaire sur la syntaxe de la subordination adverbiale développé par Hengeveld (1991). La fiabilité des données élicitées a été assurée par l'analyse empirique d'enregistrements oraux spontanés, mettant en jeu différentes situations de communication (conversations libres, narrations, littérature orale) afin de saisir la langue dans tous ses aspects.

Lors de nos enquêtes de terrain, nous avons essayé de diversifier les profils sociolinguistiques des locuteurs afin d'avoir une vue d'ensemble des facteurs de variation individuelle affectant l'AJ. Le choix des locuteurs répond donc à différents critères. Les informateurs ont été choisis d'une part sur la base des variables sociolinguistiques traditionnelles telles que l'âge, le sexe, le degré et le type d'instruction, d'autre part en tenant compte des différents degrés de nativisation de l'AJ, certains d'entre eux sont des locuteurs natifs (monolingues), nés en milieu urbain, tandis que d'autres sont des locuteurs non-natifs (plurilingues), nés en milieu rural. Les informateurs plurilingues présentent différents profils ethno-linguistiques ce qui permet d'approfondir la question de l'influence des langues du substrat/adstrat. La plupart d'entre eux sont aussi locuteurs de bari ou d'un de ses dialectes (kakwa, koukou, podjoulu, mundari). Cependant, nous avons également pris en considération des locuteurs d'autres langues nilotiques (dinka, nuer, luo, moró) ainsi que d'une langue Niger-Congo (zande). Afin d'analyser les effets de la restructuration morphosyntaxique induits par le contact entre l'arabe soudanais et l'AJ, nous avons choisi d'autres locuteurs présentant différents degrés d'exposition au superstrat arabe. Enfin, quelques exemples ont été puisés dans la littérature existante sur l'AJ.

2. PHONOLOGIE

Le chapitre suivant est dédié à la description des différentes catégories phonologiques de l'AJ. Nous explorerons d'abord les segments consonantiques et vocaliques, leur origine historique et leur variation synchronique. Nous analyserons ensuite la phonologie suprasegmentale de l'AJ en décrivant ses structures syllabiques ainsi que son système d'accentuation.

2.1. Les consonnes

2.1.1. L'inventaire consonantique

(p) b	*t d*		*k g*	
(b')	*(d')*			
		(č) j		
f (v)	*s z*	*š*		*h*
	r			
	l			
m	*n*	*ɲ*	*(ŋ)*	
w		*y*		

Tableau 1. L'inventaire consonantique

L'inventaire consonantique de l'AJ se compose de vingt-quatre phonèmes, dont six (représentés entre parenthèses dans le tableau 1) ont un statut phonématique marginal. Les phonèmes consonantiques ainsi que leurs occurrences peuvent être résumés comme suit :

• La consonne *p* est une occlusive bilabiale sourde et son occurrence est limitée aux emprunts aux langues d'adstrat et aux langues européennes. *p* se présente en position initiale et médiane.

(1) *prótestan* « protestant »
pása « péter »
kapaparát « papillon »

Comme on le verra (*cf.* 2.1.2.3.), la réalisation *p* peut être en variation avec l'occlusive bilabiale sonore en position initiale.

• La consonne *b* est une occlusive bilabiale voisée. Elle est étymologiquement liée à la bilabiale *b* de l'arabe soudanais (ex. **bāb* > *bab* « porte »). *b* se présente en position initiale, médiane et finale.

(2) *bet* « maison »
kábaru « informer »
kélib « chien »

• La consonne *t* est une occlusive alvéolaire sourde. Elle peut être étymologiquement liée à l'occlusive alvéolaire sourde *t* (ex. **turki* > *túrki* « turc ») ou à son équivalente pharyngalisée *ṭ* de l'arabe soudanais (ex. **ṭomāṭim* > *tomátim* « tomates »). *t* se présente en position initiale, médiane et finale.

(3) *tin* « boue »
katía « péché »
wókit « temps, quand »

• La consonne *d* est une occlusive alvéolaire voisée. Elle peut être étymologiquement liée à l'occlusive alvéolaire voisée *d* (ex. **dik* > *dik* « coque ») ou à son équivalente pharyngalisée *ḍ* de l'arabe soudanais (ex. **ḍull* > *dul* « ombre»). *d* se présente en position initiale, médiane et finale.

(4) *dom* « sang »
ákadar « vert »
béled « pays, nation »

• La consonne *k* est une occlusive vélaire sourde. Elle peut être étymologiquement liée à plusieurs segments consonantiques de l'arabe soudanais. Ce sont l'occlusive vélaire sourde *k* (ex. **kān* > *kan* « être » ANT), la fricative vélaire sourde *x* (ex. **xabar* > *kábara* « nouvelle »), la fricative vélaire voisée *ġ* (ex. **šoġol* > *šókol* « travail ») et la fricative pharyngale sourde *ḥ* (ex. **liḥadd(i)* > *lakádi* « jusqu'à »). *k* se présente en position initiale, médiane et finale.

(5) *kef* « comment »
rákabu « cuisiner »
suk « marché »

• La consonne *g* est une occlusive vélaire voisée. Elle peut être étymologiquement liée à l'occlusive vélaire voisée *g* (ex. **gabīla* > *gebíla* « tribu ») ainsi qu'à la fricative vélaire voisée *ġ* de l'arabe soudanais (ex. **ġar(i)b* > *gárib* « ouest »). *g* se présente en position initiale, médiane et finale.

(6) *gum* « se lever »
lógoro « héron »
degíg « petit »

• La consonne *b'* est une injective bilabiale voisée [ɓ] et son occurrence est limitée aux emprunts aux langues de substrat et d'adstrat. Elle se présente en position initiale et médiane.

(7) *b'ónjo* « citrouille »
b'ondó « village »
čáb'iku « agripper »

Concernant l'occurrence limitée de *b'*, il faut remarquer que les jeunes locuteurs monolingues d'AJ ont tendance à réaliser l'injective bilabiale comme une occlusive bilabiale voisée (ex. *b'ángis* > *bángis* « courageux ») ou sourde en position initiale (ex. *b'ónjo* > *pónjo* « citrouille »).

• La consonne *d'* est une injective dentale voisée [ɗ] et son occurrence est limitée aux emprunts aux langues de substrat et d'adstrat. Elle se présente exclusivement en position initiale.

(8) *d'íyo* « bagarre »
d'éŋele « bile »
d'oŋóŋ « lobe occipital »

On remarque chez les jeunes monolingues le même phénomène que celui relevé pour *b'*, à savoir, une réalisation de l'injective *d'* comme une occlusive dentale voisée (ex. *d'iliŋ* > *díliŋ* « mensonge »).

• La consonne *č* est une affriquée post-alvéolaire sourde [tʃ]. Elle a une occurrence limitée aux emprunts aux langues d'adstrat et aux langues européennes. Elle se présente en position initiale et médiane.

(9) *čainíz* « chinois »
čúma « bouffe, nourriture »
ačóli « acholi » (glossonyme et ethnonyme)

• La consonne *j* est une affriquée post-alvéolaire voisée [dʒ]. Elle est étymologiquement liée à l'affriquée post-alvéolaire *j* de l'arabe soudanais (ex. **jadīd* > *jedíd* « nouveau »), mais elle apparaît aussi dans les emprunts aux langues européennes. *j* se présente en position initiale, médiane et finale.

(10) *ja* « venir »
ájala « vélo »
kábej « chou »

• La consonne *f* est une fricative labiodentale sourde. Elle est étymologiquement liée à la fricative labiodentale *f* de l'arabe soudanais (ex. **fūl* > *ful* « fèves »). *f* se présente en position initiale, médiane et finale.

(11) *fi* EXS
náfar « personne »
hádaf « objectif »

• La consonne *v* est une fricative labiodentale voisée et son occurrence est très rare étant limitée aux emprunts aux langues européennes. *v* se présente seulement en position initiale et médiane.

(12) *víza* « visa »
televizión « télévision »

• La consonne *s* est une fricative alvéolaire sourde. Elle peut être étymologiquement liée à la fricative alvéolaire sourde *s* (ex. **salām* > *salám* « paix ») ou à son équivalente pharyngalisée *ṣ* de l'arabe soudanais (ex. **ṣulba* > *súlba* « hanche »). *s* se présente en position initiale, médiane et finale.

(13) *sádu* « aider »
kásab « bois »
ras « tête »

• La consonne *z* est une fricative alvéolaire voisée. Elle peut être étymologiquement liée à la fricative alvéolaire voisée *z* (ex. **zōl* > *zol* « homme ») ou à son équivalente pharyngalisée *ẓ* de l'arabe soudanais (ex. **ẓúlum* > *zúlum* « vexer »). *z* se présente en position initiale, médiane et finale.

(14) *zet* « huile »
nazára « lunettes »
jaz « gaz »

- La consonne *š* est une fricative post-alvéolaire sourde [ʃ]. Elle est étymologiquement liée à la fricative post-alvéolaire *š* de l'arabe soudanais (ex. **šenū* > *šenú* « quoi »). *š* se présente en position initiale, médiane et finale. Cependant, la réalisation *š* est affectée par une importante variation avec la fricative alvéolaire sourde *s* (*cf.* 2.1.2.3.).

(15) *šen* « laid, méchant »
fétišu « chercher »
teftíš « check point »

- La consonne *h* est une fricative glottale sourde. Elle peut être étymologiquement liée à la fricative glottale sourde *h* (ex. **šahar* > *šáhar* « mois ») ou à la fricative pharyngale sourde *ḥ* de l'arabe soudanais (ex. **ḥāja* > *hája* « chose»). *h* se présente en position initiale, médiane et finale. Cependant, elle peut être élidée dans toutes les positions (*cf.* 2.3.3.).

(16) *háfla* « fête »
mahál « lieu »
jáhjah « faire confusion »

- La consonne *r* est une roulée alvéolaire voisée. Elle peut être étymologiquement liée à la roulée alvéolaire *r* (ex. **rūz* > *ruz* « riz ») ou à son équivalente pharyngalisée *ṛ* de l'arabe soudanais (ex. **ṛās* > *ras* « tête »). *r* se présente en position initiale, médiane et finale.

(17) *raís* « président »
jarát « locuste »
jázar « carotte(s) »

- La consonne *l* est une latérale alvéolaire voisée. Elle peut être étymologiquement liée à la latérale alvéolaire *l* (ex. **lisān* > *lisán* « langue ») ou à son équivalente pharyngalisée *ḷ* de l'arabe soudanais (ex. **aḷḷa* > *ál(l)a* « dieu »). *l* se présente en position initiale, médiane et finale.

(18) *lib* « jeu, passe-temps »
málaga « cuillère »
kal « oncle (maternel) »

• La consonne *m* est une nasale bilabiale. Elle est étymologiquement liée à la nasale bilabiale *m* de l'arabe soudanais (ex. **mūx* > *muk* « cerveau »). *m* se présente en position initiale, médiane et finale.

(19) *mot* « mort »
nímir « léopard »
dom « sang »

• La consonne *n* est une nasale alvéolaire. Elle est étymologiquement liée à la nasale alvéolaire *n* de l'arabe soudanais (ex. **nās* > *nas* « gens »). *n* se présente en position initiale, médiane et finale.

(20) *nar* « feu »
bátna « ventre »
itnín « deux »

• La consonne *ɲ* est une nasale palatale. Dans la plupart des cas, son occurrence est limitée aux emprunts aux langues de substrat et d'adstrat. Cependant, elle peut aussi être étymologiquement liée à la nasale palatale *ɲ* de l'arabe soudanais (ex. **goɲa* > *góɲo* « grenouille »). *ɲ* se présente en position initiale, médiane et finale.

(21) *ɲéte* « feuilles d'azalée corneille »
loɲumég « hérisson »
setréɲ « échecs »

• La consonne *ŋ* est une nasale vélaire. Son occurrence est rare étant limitée aux emprunts aux langues de substrat et d'adstrat et à quelques idéophones (*cf.* 8.3.). *ŋ* peux se présenter en position initiale, médiane et finale.

(22) *ŋun* « divinité »
ŋóŋo « termite »
maɲáŋ « varan »

• *w* est une semi-consonne labio-vélaire. Elle est étymologiquement liée à la semi-consonne labio-vélaire *w* de l'arabe soudanais (ex.

**wizāra* > *wizára* « ministère »). *w* se présente en position initiale, médiane et finale.

(23) *wa* « et »
sawág « chauffeur »
aw « ou »

- *y* est une semi-consonne palatale [j]. Elle est étymologiquement liée à la semi-consonne palatale *y* de l'arabe soudanais (ex. **yōm* > *yom* « jour »). *y* se présente en position initiale, médiane et finale.

(24) *yába* « homme âgé »
tayúk « cervelle » (animal)
zey « comme »

Le statut phonologique des consonnes de l'AJ peut être prouvé par des oppositions de sonorité, du point d'articulation ainsi que du mode d'articulation. Si on exclut les consonnes empruntées avec un statut phonologique marginal, l'opposition de sonorité est productive pour les occlusives, les fricatives alvéolaires et les occlusive vélaires.

t / d	*ter*	« oiseau »	/	*der*	« vouloir »
s / z	*sabún*	« savon »	/	*zabún*	« client »
g / k	*degíg*	« petit »	/	*degík*	« farine »

Tableau 2. Oppositions de sonorité

L'opposition du point d'articulation, de son côté, est productive pour les occlusives, les fricatives et les nasales.

b / d	*bab*	« porte »	/	*dab*	« gecko »
f / s	*fútu*	« passer »	/	*sútu*	« battre »
s / š	*sábí*	« amis »	/	*šábi*	« populaire »
m / n	*mútu*	« mourir »	/	*nútu*	« sauter »
n / ɲ	*naám*	« autruche »	/	*ɲam*	« fixer »
w / y	*wála*	« allumer »	/	*yála*	« ensuite »

Tableau 3. Oppositions du point d'articulation

Enfin, l'opposition du mode d'articulation est particulièrement productive dans le cas des bilabiales et des alvéolaires, mais elle concerne aussi les consonnes palatales et liquides.

b / m	*babá*	« papa »	/	*mamá*	« maman »
m / w	*mára*	« femme »	/	*wára*	« derrière »
ɲ / y	*móɲo~móɲo*	« confusion »	/	*móyo~móyo*	« liquide »
t / s	*tába*	« timbre »	/	*sába*	« sept »
d / z	*dib*	« loup »	/	*zib*	« pénis »
r / l	*róho*	« gosier »	/	*lóho*	« bois »
l / n	*kal*	« oncle »	/	*kan*	ANT
j / š	*hajar-át*	« roches »	/	*hašar-át*	« insectes »
k / h	*sákan*	« résidence »	/	*sáhan*	« assiette »

Tableau 4. Oppositions du mode d'articulation

2.1.2. Changements consonantiques

2.1.2.1. Dévoisement

Le dévoisement des consonnes est un changement phonétique très commun en AJ. Dans la plupart des cas, le dévoisement affecte des consonnes occlusives et fricatives en position finale.

(25)	*beled*	[ˈbelet]	« pays »
	lib	[ˈlip]	« jeu »
	séreg	[ˈserek]	« piège »
	ajúz	[aˈdʒus]	« vieux »

Cependant, le dévoisement peut aussi intéresser des consonnes occlusives et affriquées en position initiale et médiane.

(26)	*lúga*	[ˈluka]	« langue, langage »
	gonún	[koˈnun]	« loi »
	sámaga	[ˈsamaka]	« poisson »
	isfónji	[isˈfontʃi]	« éponge »

2.1.2.2. Gémination

Bien que la gémination ne soit pas phonologiquement distinctive en AJ, les locuteurs des variétés acrolectales ont une tendance à réaliser des consonnes géminées issues de la langue lexificatrice. Malgré cela, l'occurrence de la gémination est imprévisible étant liée à des facteurs de variation individuelle.

(27)	*ál(l)a*	« dieu » (musulman)
	bát(t)a	« canard »
	bún(n)i	« marron »
	duk(k)án	« magasin »
	kaš(š)áfa	« caméra, binocle »
	ráb(b)una	« dieu » (chrétien)
	munáz(z)ama	« organisation »

Dans une minorité de cas, la gémination consonantique est déterminée par la lexicalisation de noms intégrant l'article défini *al=* qui, en arabe soudanais, est régulièrement assimilé aux consonnes palatales et alvéolaires (ex. **an=nafa* « DEF=nez » > *an(n)áfa* « nez »). Enfin, dans le cas des pronoms personnels et possessifs de la première personne du pluriel (*cf.* 3.9, 3.13), la gémination de la nasale alvéolaire *n* est induite par l'élision de la voyelle *i* en position médiane.

(28)	*an(i)na*	1PL
	tan(i)na	POSS.1PL

2.1.2.3. Variation consonantique

En AJ, on relève plusieurs cas de variation consonantique dont le plus commun concerne la fricative post-alvéolaire sourde *š* et la fricative alvéolaire sourde *s*. La variation *š/s* peut être généralisée à tous les lexèmes présentant une consonne étymologique *š* et elle est indépendante du contexte phonétique ou lexical[6].

[6] A ce propos, il faut remarquer que dans cette grammaire nous utiliserons une transcription phonologique qui représente toujours les formes étymologiques des mots et qui ne rend pas compte des variantes phonétiques présentées dans le présent chapitre.

(29) *šái / sái* « thé »
íštákal / istákal « travailler »
méštu / méstu « tresser »
geš / ges « herbe »

Dans d'autres cas, les différences d'emploi entre les variantes phonétiques d'une consonne dépendent du contexte phonétique. Tel est le cas pour la fricative alvéolaire voisée *z* qui est en variation avec l'affriquée post-alvéolaire voisée *j,* quand elle précède une voyelle mi-fermée postérieure arrondie *o,* ou bien une voyelle ouverte antérieure non-arrondie *a*.

(30) *zol / jol* « homme »
zówju / jówju « marier »
záman / jáman « temps, quand »

De manière similaire, l'affriquée post-alvéolaire voisée *j* est en variation avec une occlusive vélaire voisée *g* quand elle précède une voyelle fermée antérieure non-arrondie *i*[7].

(31) *rájil / rágil* « homme »
jidéda / gidéda « poulet »

Par contre, l'occlusive bilabiale sourde *p* est en variation avec une fricative labiodentale sourde *f* quand elle se présente en position initiale.

(32) *pojúlu / fojúlu* « podjoulu » (glossonyme et ethnonyme)
páska / fáska « pâques »
prótestan / frotéstan « protestant »

Il faut remarquer que l'influence phonetique du substrat bari se manifeste dans la réalisation de la fricative labiodentale sourde *f* comme une occlusive bilabiale sourde *p* (*cf.* Miller 1989b).

(33) *fi / pi* EXS
nédifu / nédipu « nettoyer »
áfu / ápu « pardonner »

[7] L'occurrence de *g* comme réflexe de la consonne *j* a été souvent analysée comme une preuve de l'apport lexical de l'arabe égyptien en AJ. De notre côté, nous préférons relever l'existence de l'allophone [g] pour le phonème *j* en arabe soudanais qui, comme en AJ, apparaît à proximité d'une voyelle fermée antérieure non-arrondie.

L'occurrence des variantes consonantiques peut être aussi déterminée par des facteurs lexicaux. Tel est le cas pour la variation entre l'occlusive alvéolaire voisée *d* et l'affriquée post-alvéolaire voisée *j* qui est limitée au lexème *šédera / šéjera* « arbre » comme en arabe soudanais. De même, la variation entre l'occlusive bilabiale voisée *b* et la fricative labiodentale sourde *f* est attestée chez la majorité des locuteurs mais uniquement pour le verbe *kátibu / kátifu* « écrire ». D'autres variations consonantiques ont une incidence plus importante comme c'est le cas pour la variation entre la latérale alvéolaire *l* et l'occlusive alvéolaire voisée *d* (33) ou bien entre la nasale alvéolaire *n* et la latérale alvéolaire *l* (34).

(34) *ásalu / asadu* « demander »
laman / daman « lorsque »

(35) *feníla / fenína* « t-shirt »
núgara / lugára « tambour traditionnel »

2.2. Les voyelles

2.2.1. L'inventaire vocalique

i		*u*
e		*o*
	a	

Tableau 5. L'inventaire vocalique

L'inventaire vocalique de l'AJ se compose de cinq voyelles orales. Toutes les voyelles peuvent être accentuées (*cf.* 2.4.1.) et peuvent se présenter en position initiale, médiane et finale. Les phonèmes vocaliques de l'AJ peuvent être résumés comme suit :

• *i* est une voyelle fermée antérieure non-arrondie. Elle peut être étymologiquement liée à la voyelle *i* (ex. **ilba* > *ílba* « paquet ») ou à son équivalente longue *ī* de l'arabe soudanais (ex. **kabīr* > *kebír* « grand »).

(36) *íta* 2SG
kibrít « allumette »
máli « dot »

• *u* est une voyelle fermée postérieure arrondie. Elle est étymologiquement liée à la voyelle *u* (ex. **kursi* > *kúrsi* « chaise ») ou à son équivalente longue *ū* de l'arabe soudanais (ex. **jamūs* > *jamús* « buffle »).

(37) *úmon* 3PL
sundúk « boite »
šílu « emmener »

• *e* est une voyelle mi-fermée antérieure non arrondie. Dans la plupart des cas, *e* est étymologiquement liée à la voyelle *e* (ex. **šeya* > *šéya* « viande grillée ») ou à son équivalente longue *ē* de l'arabe soudanais (ex. **bēt* > *bet* « maison »). Cependant, il est aussi fréquent que la voyelle *e* puisse dériver d'une voyelle ouverte antérieure *a* à proximité des consonnes alvéolaires (ex. **ra'īs* > *reís* « président », *'*asad* > *ásed* « lion »), dans des syllabes initiales non-accentuées (ex. **gadīm* > *gedím* « ancien » ; **kabīr* > *kebír* « grand, âgé »), ou dans des syllabes accentuées avec une consonne bilabiale initiale (**balad* > *béled* « pays », **walla* > *wéle* « ou »).

(38) *éna* « œil »
kóre « crier »
ségete « froid »

• *o* est une voyelle mi-fermée postérieure arrondie. Elle peut être étymologiquement liée à la voyelle *o* (ex. **dokwa* > *dókwa* « pâte ») ou à son équivalente longue *ō* de l'arabe soudanais (ex. **yadōb* > *yadób* « à l'instant »). *o* peut aussi être le réflexe d'une voyelle ouverte antérieure *a* en contact avec la semi-consonne bilabiale *w* (ex. **ṭawīl* > *towíl* « long », **ṣawwar* > *sówru* « prendre une photo ») ou d'une consonne pharyngale ou glottale de l'arabe soudanais (ex. **goḥḥa* > *góho* « tousse »).

(39) *óda* « chambre »
korofót « fumé »
ligó « trouver »

• *a* est une voyelle ouverte antérieure non arrondie. Dans la plupart des cas, elle est étymologiquement liée à la voyelle *a* (ex. **xala* > *kála* « bush ») ou à son équivalente longue *ā* de l'arabe soudanais (ex.

**lāzim* > *lázim* « devoir »). *a* peut aussi être le réflexe d'une voyelle fermée antérieure *í* dans des syllabes initiales (ex **libsa* > *lábsa* « robe »).

(40) *ába* « refuser »
láham « viande »
mána « sens, signification »

Les segments vocaliques de l'AJ peuvent être identifiés par les paires minimales suivantes.

i / u	*fil*	« éléphant »	/	*ful*	« fèves »
i / o	*tir*	« bondir »	/	*tor*	« taureau »
i / e	*tir*	« bondir »	/	*ter*	« oiseau »
i / a	*kis*	« sac »	/	*kas*	« coupe »
e / o	*ker*	« bien » (nom)	/	*kor*	« ruisseau »
e / u	*jére*	« courir »	/	*júru*	« tirer, fumer »
e / a	*jek*	« mec »	/	*jak*	« pot »
u / o	*júwa*	« dedans, maison »	/	*jow*	« climat »
u / a	*nur*	« lumière »	/	*nar*	« feu »
o / a	*kom*	« pile, amas »	/	*kam*	« combien »

Tableau 6. Oppositions vocaliques

2.2.3. Changements vocaliques

2.2.3.1. Assimilation vocalique

Le changement vocalique le plus commun est sans doute représenté par l'assimilation. De manière générale, l'assimilation implique la réduction des traits distinctifs de deux voyelles qui se trouvent en contact dans le discours connecté. En AJ, à la suite d'une assimilation totale, deux voyelles convergent dans un seul segment vocalique phonétiquement long. Dans la plupart des cas, l'assimilation totale est une conséquence de la cliticisation des prépositions (*cf.* 6.5) ou des marqueurs préverbaux *gi=* et *bi=* (*cf.* 5.2., 5.3.) et elle implique un changement phonétique régressif comme on peut le voir dans les exemples suivants :

(41) *a + u* > [oː]
ma=úmon [ˈmoːmon]
avec=3PL

a + i > [eː]
ma=íta [ˈmeːta]
avec=2SG

e + a > [aː]
le=ána [ˈlaːna]
à=1SG

e + u > [oː]
le=úo [ˈloː]
à=3SG

i + a > [aː]
gi=ágara [ˈgaːgara]
NPONC=étudier

i + o > [oː]
bi=óntuku [ˈboːntuku]
IRR=prononcer

Le seul cas d'assimilation totale progressive concerne le contact entre une voyelle mi-fermée antérieure non arrondie *e* et une fermée antérieure non arrondie *i* comme on peut le voir dans l'exemple suivant :

(42) *e + i* > [eː]
le=íta [ˈleːta]
à=2SG

D'autre part, l'assimilation vocalique totale peut aussi intervenir entre deux mots phonologiquement indépendants, comme dans le cas des verbes à finale vocalique suivis par des pronoms personnels (*cf.* 3.9.).

(43) *i + u* > [uː]
werí úmon [weˈruːmon]
montrer 3PL

o + a > [aː]
ligó ána [liˈgaːna]
trouver 1SG

u + *i* > [iː]
dúgu íta [du'giːta]
frapper 2SG

Bien qu'en synchronie l'assimilation des pronoms personnels pourrait témoigner du passage graduel d'un type morphologique isolant à un type agglutinant, il faut remarquer que ce changement phonétique intervient seulement à une vitesse d'élocution élevée et que les locuteurs ont toujours tendance à séparer les pronoms en cas d'élicitation.

2.2.3.2. Harmonie vocalique

À la différence de l'assimilation, l'harmonie vocalique est un processus d'assimilation phonétique à distance concernant les voyelles d'un même mot. En AJ, elle est toujours régressive et implique le nivellement du trait d'antériorité, comme on peut le voir dans les exemples suivants :

(44) *šenú* [ʃu'nu] « quoi » (interrogatif)
diktór [dok'tor] « médecin »
rendók [ron'dok] « argot »
jenúb [dʒu'nub] « sud »
šimāl [ʃa'mal] « nord »
bantalón [bonto'lon] « pantalon »
gadurúk [gudu'ruk] « cochon »

L'harmonie vocalique intervient surtout à l'intérieur des mots disyllabiques, mais elle peut aussi concerner des mots plurisyllabiques se terminant par une voyelle postérieure. Malgré cela, les effets de l'harmonie vocalique sont assez irréguliers car ils dépendent en premier lieu des différents degrés d'influence phonétique des langues du substrat/adstrat (Miller 1989b : 4 ; 1993 : 142).

2.2.3.3. Allongement vocalique

Comme dans le cas de la gémination consonantique, la quantité vocalique n'est pas phonologiquement distinctive en AJ. Cependant, les locuteurs les plus affectés par l'influence de l'arabe soudanais peuvent irrégulièrement réaliser des voyelles accentuées (*cf.* 2.4.1.) comme des voyelles longues.

(45) *hája* [ˈhaːdʒa] « chose »
sudán [suˈdaːn] « Soudan »
fasfás [fasˈfaːs] « poumon »
giyáfa [giˈjaːfa] « beau, bien »
harámi [haˈraːmi] « voleur »

De plus, l'emphase discursive peut induire des réalisations vocaliques longues. En ce cas, l'allongement tend à intervenir sur les voyelles finales de mots mono- et disyllabiques indépendamment du fait qu'elles soient accentuées.

(46) *yáni* [ˈjaniːːː] « c'est-à-dire »
júba [ˈdʒubaːːː] « Juba »
bámba [ˈbambaːːː] « fille »
ta [ˈtaːːː] POSS
ya [ˈjaːːː] VOC

2.2.3.4. Variation vocalique

En AJ, on relève plusieurs cas de variation vocalique. Contrairement à la variation consonantique, elle ne dépend pas du contexte phonétique et résulte d'une forte variation individuelle, comme on peut le voir dans les exemples suivants :

(47) *gále / gáli* « dire »
héna / híni « ici »
kéda / kída « comme ça »
kélib / kéleb « chien »
hási / hása « maintenant »

2.3. LA STRUCTURE SYLLABIQUE

2.3.1. Les syllabes

L'AJ présente les types syllabiques suivants :

	initiale	médiane	finale	isolée
v	*á.ba* « refuser »	_	*sá.a* « heure »	_
Cv	*gú.na* « chanson »	*ká.tu.lu* « tuer »	*jé.re* « courir »	*ta* POSS
Cvv	*sái.da.li* « pharmacien »	_	*ga.la.bái* « imprudent »	*tái* POSS.1SG
vC	*én.du* « avoir »	*má.as.kar* « champ militaire »	*ká.ab* « méchant »	*eš* « pain »
CvC	*tar.bás* « loquet »	*lo.póm.be* « ivrogne »	*ág.der* « pouvoir »	*far* « rat »
CvvC	*réin.bo* « arc-en-ciel »	_	*mer.féin* « hyène »	*reís* « président »
CvCC	*komp.yú.tar* « ordinateur »	_	*á.banz* « embrayage »	*burj* « minaret »
CCvC	*kris.más* « noël »	_	*in.glíz* « anglais »	*kwes* « bien »

Tableau 7. Les types syllabiques

De manière générale, l'AJ montre une prédominance de syllabes légères *Cv* et *CvC*. Les groupes de deux consonnes à l'intérieur de la même syllabe sont plutôt rares et ils apparaissent surtout dans les emprunts aux langues européennes en position initiale et finale ; ils peuvent aussi se présenter dans des monosyllabiques d'origine arabe. Au contraire, on relève de nombreuses syllabes avec attaque consonantique nulle en position initiale, finale et isolée. Le noyau vocalique d'une syllabe peut être représenté par une voyelle brève ou bien par une diphtongue.

2.3.2. Diphtongues

La diphtongaison consiste dans la scission d'une voyelle en deux segments dont le degré d'ouverture est différent. Les deux segments vocaliques font partie de la même syllabe et ils peuvent être accentués l'un à l'exclusion de l'autre[8]. L'AJ présente des diphtongues dans des syllabes ouvertes et fermées en position initiale, finale et isolée. Dans la plupart des cas, il s'agit de diphtongues fermantes dont le premier segment est plus ouvert que le deuxième.

(48) *tái* POSS.1SG
arbaín « quarante »
wáu « Wau » (toponyme)
baúda « moustique »
néi « cru, acerbe »
beíd « loin »

Cependant, on retrouve aussi de nombreuses diphtongues ouvrantes dont la première voyelle est plus fermée que la deuxième.

(49) *fadía* « honte »
talián « italien »
muálim « maître »
nuér « Nuer » (glossonyme et ethnonyme)
bíu « acheter »

L'AJ présente aussi des séquences de deux voyelles ayant le même timbre mais faisant partie de deux syllabes différentes[9]. Étant réalisées comme deux segments phonologiques séparés, elles ne peuvent être considérées comme des diphtongues ni comme des voyelles longues (*cf.* 2.2.3.3.).

(50) *káab* « méchant, mauvais »
sáab « difficile »
maáskar « champ d'entraînement »
naám « autruche »

---

[8] Dans ce paragraphe, nous prenons en considération exclusivement des diphtongues constituées par deux voyelles. Par conséquent, nous ne traitons pas les séquences d'une semi-consonne (*w* et *y*) et d'une voyelle.

[9] D'un point de vue diachronique, la séquence de deux voyelles appartenant à deux syllabes différentes est souvent le résultat de l'élision de la consonne pharyngale sonore de l'arabe soudanais (ex. **sa'a* > *sáa* « heure »).

2.3.3. Changements syllabiques

Les structures syllabiques canoniques peuvent être modifiées par différents phénomènes d'élision (aphérèse, syncope, apocope) ainsi que par l'insertion d'une voyelle épenthétique.

2.3.3.1. Aphérèse

L'aphérèse consiste en l'élision d'un phonème en position initiale. Elle concerne exclusivement la consonne fricative glottale sourde *h* indépendamment du contexte phonétique.

(51)	*(h)ámer*	« rouge »
	(h)usán	« cheval »
	(h)ófra	« trou »
	(h)óma	« fièvre »
	(h)áfizu	« garder »
	(h)udúd	« frontière(s) »

2.3.3.2. Syncope

La syncope consiste en l'élision d'un phonème en position médiane et concerne en premier lieu les semi-consonnes *y* et *w*. Plus en détail, la semi-consonne palatale *y* est souvent élidée en position intervocalique après une voyelle fermée antérieure non-arrondie *i* donnant lieu à des diphtongues fermantes.

(52)	*ami(y)án*	« aveugle »
	aší(y)a	« tard l'après-midi »
	biní(y)a	« fille »
	dúni(y)a	« monde »
	malikí(y)a	« Malikiya » (toponyme)

De manière similaire, la semi-consonne bilabiale *w* peut être optionnellement élidée en position intervocalique après une voyelle fermée postérieure arrondie *u* donnant lieu à des diphtongues ouvrantes.

(53)	*šu(w)ál*	« sac »
	mu(w)asalát	« transport public »
	gu(w)ám	« rapidement »
	ju(w)áb	« lettre »

La fricative glottale sourde *h* peut être élidée en position intervocalique indépendamment de la nature des voyelles environnantes. Ce changement syllabique peut donner lieu à des diphtongues ou bien à des séquences de deux voyelles appartenant à deux syllabes différentes.

(54) *dá(h)ar* « dos »
ji(h)áz « enregistreur »
se(h)í « correct, vrai »

2.3.3.3. Apocope

L'apocope consiste en l'élision d'un phonème en position finale et elle concerne en premier lieu la fricative glottale sourde *h*.

(55) *intá(h)* « finir »
mesí(h) « messie »
murtá(h) « heureux »

Cependant, il n'est pas rare que d'autres consonnes fricatives et occlusives soient élidées en position finale, comme on peut le voir dans les exemples suivants :

(56) *bonjó(s)* « jeune homme »
béle(d) « pays »
henā(k) « là-bas »

De plus, en considérant le grand nombre de lexèmes terminés par une voyelle, l'apocope vocalique est assez courante dans le discours connecté à une vitesse d'élocution élevée.

(57) *gál(e)* « dire »
gíns(i) « jeans »
síd(i) « patron »
néfs(u) « même »
ámber(e) « ampère »

2.3.3.4. Épenthèse

L'épenthèse consiste en l'insertion d'une voyelle non-étymologique. L'occurrence de l'épenthèse vocalique est imprévisible car indépendante de facteurs phonologiques spécifiques. De manière générale, les traits de la voyelle épenthétique sont affectés par les effets de l'harmonie vocalique (*cf.* 2.2.3.2.) ainsi que par la nature des voyelles épenthétiques de l'arabe soudanais.

(58) *dušu̱mán* « lutte, guerre »
báfu̱ra « manioc »
bédi̱ri « tôt »
áli̱f « mille »
saka̱rán « ivre »

2.4. L'ACCENT

2.4.1. L'accent de hauteur

L'AJ est une langue à accent de hauteur comportant deux registres prosodiques : un registre haut (signalé par un accent aigu dans les lexèmes disyllabiques et plurisyllabiques) et un registre bas (non marqué). L'accent de hauteur consiste en une augmentation de la hauteur vocalique et s'applique à une seule more à l'intérieur d'un mot phonologique. En l'absence d'affixes, la position de l'accent de hauteur sur les constituants non-verbaux est fixe et déterminée par les facteurs étymologiques suivants :

– lorsque l'étymon arabe présente une voyelle longue, elle est réinterprétée comme une voyelle brève accentuée ;

(59) **ḥāja > hája* « chose »
**gadīm > gedím* « ancien »
**sudāni > sudáni* « soudanais »
**ištirāk > ištirák* « souscription »
**munāsafa > munásafa* « compétition »

– lorsque l'étymon arabe ne présente pas de voyelle longue, l'accent de hauteur frappe la pénultième ou l'antépénultième ;

(60) **sabab > sábab* « cause »
**maṣri > másri* « Égyptien »
**muškila > múškila* « problème »
**laġbaṭa > lágbata* « confusion »
**mujtamaʿa > mujtáma* « groupe, assemblée »

– lorsqu'un lexème est emprunté aux langues à ton du substrat nilotique, l'accent de hauteur correspond au dernier ton haut de l'étymon[10].

(61) bari *kúrjù > kúruju « cultiver »
bari *môlódò > molódo « houe »
bari *kórôkó > korokó « malléole »
dinka *jèŋé > jeŋé « Dinka » (ethnonyme)

Les monosyllabes isolés ne sont pas exclus de la modulation de hauteur et sont toujours accentués[11]. Au contraire, les proclitiques monosyllabiques, comme les marques préverbales *gi=* et *bi=* (*cf.* 5.2., 5.3) et les prépositions (*cf.* 6.5.), sont toujours associés à un registre prosodique bas et ils forment un seul mot phonétique avec le lexème auquel ils sont rattachés (ex. *ja* « venir », *bi=já* « IRR=venir »). Dans ces conditions, l'accent de hauteur joue aussi une fonction démarcative car il permet de distinguer des allomorphes présentant des statuts morphosyntaxiques différents. Tel est le cas de l'opérateur de négation *ma* NEG (*cf.* 9.1.) qui, étant accentué, peut être opposé à la préposition *ma=* « avec » (*cf.* 6.5.), qui, de son côté, constitue toujours une seule unité phonétique avec le mot suivant (*cf.* 2.2.3.1.).

(62) *ma ána* [ˈma ˈana] *vs* *ma=ána* [maˈana, ˈmaːna]
NEG 1SG avec=1SG
« Pas moi. » « Avec moi. »

De la même façon, l'accent de hauteur permet de distinguer la copule existentielle *fi* EXS (*cf.* 6.1.1.), toujours accentuée, de la préposition *fi=* (*cf.* 6.5.) qui, par contre, présente un registre prosodique bas.

---

[10] Á cet égard, il faut remarquer que les locuteurs non-natifs d'AJ montrent une tendance à garder les schèmes tonals des mots empruntés aux langues du substrat/adstrat nilotique. Cette permanence irrégulière des schèmes tonals est prise comme argument par Nakao (2013) pour décrire l'AJ comme une langue à système prosodique mixte accent de hauteur-ton. De notre côté, nous préférons remarquer que le ton ne joue aucune fonction lexicale ni grammaticale en AJ.

[11] Étant donné que l'accent de hauteur des éléments monosyllabiques isolés n'est pas distinctif, il n'est jamais transcrit.

(63) *fi* *bet* [ˈfi ˈbet] *vs* *fi=bét* [fiˈbet]
EXS maison dans=maison
« Il y a une/la maison. » « Dans une/la maison. »

Contrairement aux clitiques, les suffixes de pluralisation (*cf.* 3.5.1.) sont toujours accentués et, par conséquent, ils impliquent un déplacement de l'accent de hauteur sur la dernière syllabe.

(64) *sámaga* *samag-át*
poisson poisson-PL1

(65) *jenúbi* *jenub-ín*
sudiste sudiste-PL2

(66) *lóndo* *londo-jín*
arabe arabe-PL3

Enfin, il est important de remarquer que, au-delà de sa fonction contrastive et démarcative, l'accent de hauteur joue aussi une fonction distinctive comme l'illustrent les paires lexicales suivantes :

(67)	*ábid*	« esclave »	*vs*	*abíd*	« esclavage »
	sába	« sept »	*vs*	*sabá*	« matin »
	kúra	« ballon »	*vs*	*kurá*	« jambe »
	gáli	« cher »	*vs*	*galí*	« bourbe »
	jázar	« carotte »	*vs*	*jazár*	« boucher »
	nádi	« club »	*vs*	*nadí*	« appeler »

2.4.2. Déplacement de l'accent

Comme nous avons pu le voir dans le paragraphe précédent, la position de l'accent de hauteur en AJ étant fixe, elle permet d'opposer des paires lexicales dans le domaine non-verbal. Cependant, dans le domaine verbal, l'accent peut être déplacé et, de ce fait, il permet d'opposer des valeurs grammaticales. En particulier, dans leur forme active, les verbes transitifs (*cf.* 4.1.5.) trisyllabiques et quadrisyllabiques sont toujours accentués sur l'antépénultième. Les mêmes verbes peuvent ainsi dériver des formes infinitives (*cf.* 4.3.2.) et passives (*cf.* 4.3.1.) par le déplacement de l'accent de hauteur, respectivement sur la pénultième et sur la dernière syllabe.

(68) *séregu* « voler » *serégu* « voler\INF » *seregú* « voler\PASS »
béredu « laver » *berédu* « laver\INF » *beredú* « laver\PASS »
lágbatu « mêler » *lagbátu* « mêler\INF » *lagbatú* « mêler\PASS »
intézeru « attendre » *intezéru* « attendre\INF » *intezerú* « attendre\PASS »

Pour les verbes transitifs disyllabiques, le déplacement de l'accent de la première à la dernière syllabe permet de dériver le passif.

(69) *kúbu* « verser » – *kubú* « verser\PASS »
híbu « aimer » – *hibú* « aimer\PASS »
júru « tirer » – *jurú* « tirer\PASS »

Dans ce contexte, il faut aussi remarquer la présence de certains verbes ambitransitifs (*cf.* 4.1.5.), comme *werí* « montrer », qui sont toujours accentués sur la dernière syllabe et qui ne peuvent dériver une forme passive.

3. LE NOM ET LE SYNTAGME NOMINAL

Dans le chapitre suivant, nous analyserons la morphosyntaxe nominale de l'AJ. Dans un premier temps, nous donnerons une vue d'ensemble des formes morphologiques des noms et des adjectifs simples, composées et rédupliquées. Dans un deuxième temps, nous analyserons le système de marquage du nombre et du genre dans le domaine nominal. Ensuite, nous aborderons les formes et les fonctions des pronoms personnels, des pronoms et des déterminants démonstratifs, ainsi que des déterminants indéfinis. La dernière partie du chapitre est dédiée à l'analyse morphosyntaxique de la possession attributive, des numéraux, de l'ordre des constituants et de leur accord en contexte nominal.

3.1. LES NOMS SIMPLES

Les noms forment une classe grammaticale ouverte, caractérisée par une forte variation morphologique. De manière générale, l'AJ est une langue à faible distinction verbo-nominale (*cf.* 4.1.). De ce fait, il n'est pas rare de relever des lexèmes dont le statut grammatical est incertain ; c'est le cas pour *gúna* qui peut être employé alternativement comme un substantif signifiant « chanson » (avec la possibilité d'être modifié par le suffixe de pluriel nominal *-át,* ex. *gun-át* « chanson-PL1 », *cf.* 3.6.1.1.) ou bien comme un verbe ambitransitif signifiant « chanter » (avec la possibilité d'être modifié par les marques préverbales tels que *gi=,* ex. *gi=gúna* « NPONC=-chanter », *cf.* 5.2.). De ce fait, la distinction verbo-nominale repose sur des critères morphophonologiques assez irréguliers.

Nous pouvons noter que la majorité des verbes en AJ présentent une voyelle finale *-u* (*cf.* 4.1.5.), tandis que la plupart des noms ont une voyelle finale *-a*. Comme l'a déjà remarqué Miller (1993 : 152-154), cette opposition vocalique tend à devenir productive et permet d'opposer des substantifs à des verbes transitifs.

(1)	*kábara*	« nouvelles »	*vs*	*kábaru*	« informer »
	lágbata	« confusion »	*vs*	*lágbatu*	« mélanger »
	sérega	« vol »	*vs*	*séregu*	« voler »
	kabása	« tricherie »	*vs*	*kábasu*	« tricher »
	ída	« main »	*vs*	*ídu*	« compter »

De la même façon, on peut relever des oppositions entre des noms se terminant par une consonne et des verbes transitifs avec une voyelle finale *-u*.

(2)	*akil*	« nourriture »	*vs*	*ákilu*	« nourrir »
	gílid	« peau (animal) »	*vs*	*gílidu*	« cingler »
	gísir	« peau (végétal) »	*vs*	*gísiru*	« peler »
	wéled	« enfant »	*vs*	*wéledu*	« accoucher »

Enfin, l'alternance vocalique ainsi que le déplacement de l'accent de hauteur (*cf.* 2.4.1.), peuvent être aussi considérés comme des critères morphophonologiques d'opposition verbo-nominale.

(3)	*zékira*	« mémoire »	*vs*	*zékiru*	« se rappeler »
	halífa	« serment »	*vs*	*hálifu*	« jurer »
	haríga	« incendie »	*vs*	*hárigu*	« bruler »
	lakám	« blague »	*vs*	*lákamu*	« jongler »

3.1.1. Les noms monosyllabiques

Parmi le petit nombre de formes nominales monosyllabiques, la plus fréquente est *CvC*.

- *CvC* *bab* « porte », *bet* « maison », *dik* « coq », *dom* « sang », *jak* « pot en plastique », *mot* « mort », *mus* « lame de rasoir », *sim* « poison », *suk* « marché », *ter* « oiseau », *tor* « taureau », *yom* « jour », *zet* « huile », *zol* « personne ».

Les autres formes nominales monosyllabiques sont du type *vC* (ex. *eš* « pain »), *Cv́v* (ex. *šái* « thé ») et *CvCC* (ex. *burj* « tour »).

3.1.2. Les noms disyllabiques

On relève un grand nombre de formes nominales disyllabiques ; les plus fréquentes sont *Cv́Cv, CvCv́, Cv́CvC, CvCv́C*. L'ensemble des formes nominales disyllabiques peut être résumé comme suit :

- *v́Cv, vCv́* — *éna* « œil », *ída* « main », *íya* « corde à sauter », *óda* « chambre/pièce », *úma* « mère », *abú* « père », *akú* « frère » ;
- *v́CvC, vCv́C* — *ábid «* esclave », *ádab* « politesse », *ásed* « lion », *ásel* « miel », *írik* « veine », *ísim* « nom », *ízin* « permission », *úkut* « sœur », *úmur* « âge », *abíd «* esclavagisme » ; v́
- *vCv́C, v́CCv* — *asír* « jus », *imám* « imam », *izáj* « bruit », *ílba* « boite », *árda* « termite », *ásba* « doigt » ;
- *Cv́vC, Cvv́C* — *máad* « institut », *gáar* « tas », *naám* « autruche », *saúd* « tabac à chiquer » ;
- *Cv́Cv, CvCv́* — *bólo* « carquois », *dúra* « sorgho », *gába* « forêt », *géme* « blé », *gúgu* « grenier », *kéma* « tente », *kúra* « pied », *mára* « femme », *móyo* 'eau' ; *ŋóŋo* « termite volante », *séna* « année », *jidí* « grand-père », *mulá* « sauce », *watá* « sol », *zirá* « culture », *hayá* « vie » ;
- *Cv́CvC, CvCv́C* — *béled* « pays », *dúfur* « ongle », *kásab* « bois », *gúrun* « corne », *gútun* « coton », *jébel* « montagne », *nímir* « léopard », *rájil* « homme », *šókol* « travail, affaire, truc », *dukán* « magasin », *futúr* « petit déjeuner », *jazár* « boucher », *najár* « menuisier », *kitáb* « livre », *nizám* « ordre » ;
- *Cv́CCv, CvCCv́* — *gínta* « anus », *gínsi* « jeans », *gúrma* « casserole », *háfla* « fête », *hófra* « trou », *kásma* « bouche », *muftá* « clé », *tumsá* « crocodile », *b'ondó «* village » ;

- *Cv́CCvC, CvCCv́C* *fúnduk* « mortier », *járdal* « seau », *kúrnuk* « hutte carrée », *kómred* « camarade », *búrjum* « varicelle », *gondúr* « termitière », *kibrít* « allumette », *ɲerkúk* « enfant », *sultán* « chef tribal », *sundúk* « boite, coffre » ;
- *CCv́CvC, CCvCv́C* *krísmas* « noël », *kristán* « bouteille en plastique ».

D'autres formes nominales disyllabiques moins fréquentes sont *v́CCvC* (ex. *árnab* « lapin ») et *vCv́CC* (ex. *abánz* « embrayage »).

3.1.3. Les noms trisyllabiques

On relève un nombre important de formes nominales trisyllabiques dont les plus fréquentes sont *vCv́Cv, Cv́CvCv* et *CvCv́Cv*. L'ensemble des noms trisyllabiques peut être résumé comme suit :

- *v́CvCv, vCv́Cv* *ájala* « bicyclette », *aláma* « cicatrice », *amára* « bâtiment », *asída* « polenta de sorgho ou de mil », *asáya* « bâton », *abúna* « prêtre » ;
- *v́CvCvC, vCvCv́C* *ánanas* « ananas », *adarób* « Beja » (ethnonyme) ;
- *v́CCvCv, vCCv́Cv* *ámbara* « dispensaire », *askári* « soldat », *afríka* « Afrique » ;
- *Cv́CvCv, CvCv́Cv, CvCvCv́* *bágara* « vache », *šábaka* « filet, réseau », *šérika* « compagnie », *málaga* « cuillère », *wáraga* « feuille de papier », *debíba* « serpent », *gebíla* « tribu », *kenísa* « église », *merísa* « bière de sorgho », *karáŋa* « saison sèche », *zeríba* « enclos pour le bétail », *zirofő* « bledard » ;
- *Cv́CCvCv, CvCCv́Cv* *gúmbula* « bombe, grenade », *múškila* « problème », *bámbara* « tabouret », *b'ángiri* « joue », *sirkáli* « policier » ;
- *CvCCvCv́C* *bontolón* « pantalon », *barlamán* « parlement », *burtukán* « orange », *gondorón* « camion ».

3.1.4. Les noms quadrisyllabiques

On relève un nombre relativement important de noms quadrisyllabiques. Cependant, la seule forme nominale quadrisyllabique avec une incidence large est :

– *CvCvCv́Cv* *ganamáya* « brebis », *tarabéza* « table », *bataríya* « batterie, torche », *gebilíya* « tribalisme », *karasána* « gravier ».

Les autres formes nominales quadrisyllabiques sont : *CvCCvCv́Cv* (ex. *bundukíya* « fusil »), *vCCvCv́Cvv* (ex. *izbidália* « hôpital »), *vCvCvCv́* (ex. *atarašá* « sourd, muet »), *vCCvCvCv́C* (ex. *intikabát* « élection(s) »), *vCvCv́CCv* (ex. *isiménti* « ciment »), *CvCvCvCv́C* (ex. *kapaparát* « papillon »).

3.1.5. Reliquats morphologiques

Les formes nominales de l'AJ témoignent d'un procès de lexification de plusieurs morphèmes dérivationnels et flexionnels de l'arabe soudanais. On relève donc un nombre important de reliquats morphologiques de la langue lexificatrice qui ne sont plus productifs. Parmi ceux-ci les plus communs sont :

– le préfix **mv-* des noms de lieu
mahál « endroit » *maáskar* « camp d'entraînement », *maháta* « station de transport », *magábir* « cimetière », *máktab* « bureau », *máktaba* « librairie, bibliothèque », *másna* « usine », *matár* « aéroport », *medrésa* « école », *mótbak* « cuisine » ;

– le préfix **mv-* des noms d'instrument
magás « ciseau », *makwá* « fer à repasser », *málaga* « cuillère », *muftá* « clé », *márwa* « ventilateur » ; *miráya* « miroir », *mizán* « balance » ; *mufák* « tournevis » ; *murkáka* « pierre à meuler », *muswák* « brosse à dent » ;

– le préfix **mv-* des formes participiales
muálim « enseignant, maitre », *mudéris* « enseignant supérieur » *mufátiš* « contrôleur », *mutérjim* « traducteur », *muwázif* « fonctionnaire » ;

– les préfixes/infixes des noms verbaux
munásafa « compétition », *mujtáma* « réunion » *musábaka* « course », *tesjíl* « enregistrement », *temrín* « entraînement », *temsíl* « simulation », *itihád* « union » ;

– le pronom possessif *=*í*
Le pronom possessif de 1SG =*í* a été lexicalisé dans certaines formes nominales d'adresse comme dans le cas de *kal* « oncle maternel » *vs kalí* « (mon) oncle maternel » et *wéled* « enfant » *vs weledí* « (mon) enfant » ;

– le suffixe agentiel *-*ji*
Le suffixe d'origine turque -*ji,* attesté aussi en arabe soudanais, a été lexicalisé dans un nombre limité de noms de métier tel que *kumsénji* « contrôleur », ainsi que dans les noms décrivant des qualités négatives comme *sukurúji* « ivrogne » ;

– l'article **al*=
L'article défini d'origine arabe *al*= a été lexicalisé dans un nombre limité de noms comme **an=nāfa* > *anáfa* « nez » ou **al=ḥabūb* > *lobúb* « vent ».

À part les reliquats morphologiques d'origine arabe, on relève aussi des noms intégrant du matériel morphologique issu des langues du substrat nilotique. En particulier, un nombre assez important de noms intègrent le rélateur d'origine bari *lo-* (Spagnolo 1933, 1960, Miller 1989b). Il s'agit en particulier de noms d'animaux tels que *lógunu* « vautour », *lógoro* « héron », *lopumég* « hérisson », *lob'endók* « vipère », mais aussi de noms décrivant des caractéristiques intrinsèques comme *lomíngi* « idiot ». Selon Nakao (2012, 2013b), l'emploi de *lo-* devient de plus en plus productif auprès des jeunes locuteurs urbains de Juba qui l'utilisent pour la création de néologismes mixtes (ex. bari-arabe, **lo-beled* « REL-pays » > *lobeléde* « paysan » ; bari-swahili, **lo-pombe* « REL-alcool » > *lopómbe* « ivrogne »).

3.2. LES NOMS COMPOSÉS

Tout comme d'autres langues créoles, l'AJ est caractérisé par une forte productivité de la composition nominale. La création lexicale par composition permet de suppléer à l'apport lexical réduit dû au processus de pidginisation de la langue lexificatrice. L'AJ présente différentes stratégies de composition nominale : la composition par juxtaposition, la composition au moyen de la marque de possession *ta* et la composition au moyen du relateur *abú* « père ». Ces trois stratégies expriment différentes relations sémantiques entre les unités lexicales constituant un nom composé.

3.2.1. Les noms composés par juxtaposition

Un nom composé par juxtaposition est constitué par une simple séquence linéaire de deux noms. Dans la plupart des cas, la juxtaposition établit une relation sémantique de partie-totalité dans laquelle N1 représente une partie de N2 comme on peut le voir en (4). Dans ce type de relation sémantique, le lexème *jéna* « enfant, bébé » est souvent employé en position de N1 avec le sens de la « petite partie » de N2, tandis que *bátna* « ventre » et *dáhar* « dos » en position de N1 identifient respectivement la « partie antérieure » et la « partie postérieure » de N2.

(4)	*N1*		*N2*		
	hófra « trou »	+	*anáfa* « nez »	=	« narine »
	álama « signe »	+	*adána* « oreille »	=	« boucle d'oreille »
	jéna « enfant »	+	*ída* « main, bras »	=	« doigt »
	jéna « enfant »	+	*fundúk* « mortier »	=	« pilon »
	jéna « enfant »	+	*murkáka* « meule »	=	« pierre à meuler »
	bátna « ventre »	+	*ída* « main, bras »	=	« paume (main) »
	bátna « ventre »	+	*kurá* « pied, jambe»	=	« plante (pied) »
	dáhar « dos »	+	*kurá* « pied, jambe »	=	« talon »
	dáhar « dos »	+	*toríya* « charrue »	=	« reille »
	éna « œil »	+	*súdur* « poitrine »	=	« mamelon »
	gáar « pente »	+	*éna* « œil »	=	« paupière »
	suf « cheveux »	+	*éna* « œil »	=	« sourcil »

La juxtaposition peut aussi établir une relation d'origine celle-ci étant exprimée par N2 comme on peut le voir dans les exemples suivants :

(5)

	N1		*N2*	
	móyo « eau »	+	*éna* « œil »	= « larmes »
	dubán « mouche »	+	*gába* « forêt »	= « guêpe »
	láham « viande »	+	*gába* « forêt »	= « gibier »
	gidéda « poulet »	+	*wádi* « rivière »	= « oie »
	jéna « enfant »	+	*jidéda* « poulet »	= « poussin »
	jéna « enfant »	+	*bágara* « vache »	= « veau »
	júbur « pénis »	+	*watá* « sol »	= « champignon »

En outre, la juxtaposition peut impliquer une relation sémantique dans laquelle N1 est l'agent qui produit N2, comme c'est le cas pour « palmier-datier » et « abeille » (lit. « mouche à miel ») dans l'exemple (6).

(6)

	N1		*N2*	
	šédera « arbre »	+	*bála* « datte »	= « palmier-dattier »
	dubán « mouche »	+	*ásel* « miel »	= « abeille »

3.2.2. Les noms composés avec la marque de possession *ta*

La deuxième stratégie de composition nominale implique l'insertion de la marque de possession *ta* (*cf.* 3.12.) entre N1 et N2. Dans la plupart des cas, cette stratégie de composition exprime une relation partie-totalité dans laquelle N1 est une partie de N2[12].

(7)

	N1		*N2*	
	rúkba « genou »	*ta*	*ída* « main, bras »	= « coude »
	gísir « pelure »	*ta*	*šédera* « arbre »	= « écorce »
	burj « tour »	*ta*	*jámi* « mosquée »	= « minaret »
	burj « tour »	*ta*	*kenísa* « église »	= « clocher »
	ras « tête »	*ta*	*júwa* « maison »	= « toit »

[12] Il est intéressant de remarquer que certains noms composés au moyen de la marque de possession *ta* sont attribuables à l'influence des langues du substrat nilotique, comme c'est le cas pour *ras ta júwa* « toit » qui est calqué sur le nom composé du bari *kwe na kádì* « toit », Lit. « tête de la maison » (Nakao 2012 : 136).

À la différence de la juxtaposition, la composition nominale avec la marque de possession *ta* peut aussi exprimer une relation d'acteur-activité dans laquelle le nom générique *zol* « homme » en position de N1 est l'acteur qui produit une activité associé à N2.

(8)	*N1*		*N2*		
	zol « homme »	*ta*	*kwafér* « coiffeur »	=	« perruquier »
	zol « homme »	*ta*	*bóda* « moto taxi »	=	« conducteur de moto »

Enfin, la particule d'annexion *ta* peut être employée pour créer des noms-adjectifs dans lesquels N2 décrit une propriété non-physique du N1 *zol* « homme ».

(9)	*N1*		*N2*		
	zol « homme »	*ta*	*ána~ána* « je-moi »	=	« égocentrique »
	zol « homme »	*ta*	*dála* « orgueil »	=	« orgueilleux »
	zol « homme »	*ta*	*gumár* « jeu d'argent »	=	« parieur »
	zol « homme »	*ta*	*líbsa* « costume »	=	« élégant »
	zol « homme »	*ta*	*ŋuyúm* « mensonge »	=	« menteur »

3.2.3. Les noms composés avec le relateur *abú*

La dernière stratégie de composition nominale implique l'insertion du relateur *abú* (*cf.* 3.16., 7.4.4.) entre N1 et N2. Elle est particulièrement productive dans la création de noms-adjectifs dans lesquels N2 décrit des propriétés physiques ou non-physiques de N1[13].

(10)	*N1*		*N2*		
	debíba « serpent »	*abú*	*dáraga* « sonnette »	=	« cobra »
	himár « âne »	*abú*	*gíríŋ~gíríŋ* « rayures »	=	« zèbre »
	zol « homme »	*abú*	*kalám* « discours »	=	« bavard »
	zol « homme »	*abú*	*éna wáhid* « un œil »	=	« borgne »
	zol « homme »	*abú*	*dánaba* « queue »	=	« malin »
	zol « homme »	*abú*	*šánab* « moustache »	=	« moustachu »

[13] A cet égard, il faut aussi remarquer que l'AJ construit des noms d'animaux composés par *abú* « père » et un autre lexème tels que *abú dab* « lézard », *abú gáda* « tortue », *abú kówt* « pingouin », *abú sebíb* « poulpe », *abú šok* « porc-épic ». Cependant, ces noms composés font partie de l'héritage lexical de l'arabe soudanais.

Comme on le verra plus loin (*cf.* 3.7.), le relateur *abú* peut être aussi employé en combinaison avec les lexèmes *rájil* « homme » et *mára* « femme » pour indiquer le sexe biologique des animaux.

Type	**Relation**	**Description**
Juxtaposition	Partie-Totalité	N1 fait partie de N2
	Elément-Origine	N2 est l'origine de N1
	Producteur-Produit	N1 produit N2
ta POSS	Partie-totalité	N1 fait partie de N2
	Acteur-activité	N1 pratique N2
	Descriptif	N2 est une qualité de N1
abú « père »	Descriptif	N2 est une qualité de N1

Tableau 8. Noms composés et relations sémantiques

3.3. Les adjectifs

Les adjectifs constituent une classe grammaticale ouverte et morphologiquement hétérogène. Tout comme les noms (*cf.* 3.1.), la distinction morphosyntaxique entre les adjectifs et les verbes n'est pas toujours évidente étant donné que certains adjetifs fonctionnent aussi comme des verbes. Ainsi *moksút* peut être employé comme un adjectif signifiant « content » (avec la possibilité d'être modifié par le suffixe de pluriel adjectival *-ín,* ex. *moksut-ín* « content-PL1 », *cf.* 3.6.1.2.), ou bien comme un verbe intransitif indiquant un changement d'état (avec la possibilité d'être modifié par les marques préverbales telle que *gi=,* ex. *gi=moksút* « NPONC=se_réjouir », *cf.* 5.2.). Sur le plan morphologique, on note quelques formes adjectivales prédominantes dérivant des schèmes morphologiques de l'arabe soudanais. Les principales formes adjectivales de l'AJ peuvent être résumées comme suit :

– *Adjectifs (C)v(C)v̇C*

Cette forme adjectivale est assez commune et elle dérive des schèmes adjectivaux de l'arabe soudanais *(C)aCīC* (ex. *awír* « borné », *beíd* « loin », *belíd* « stupide », *besít* « simple », *degíg* « étroit », *gedím* « vieux », *geríb* « proche », *jedíd* « nouveau »; *kebír* « grand », *nedíf* « propre », *towíl* « long »), et *CuCaCCiC* (ex. *sukér* « petit », *gusér* « court »).

– Adjectifs *CvĆvC*

Cette forme est liée étymologiquement à des participes actifs du schème morphologique *CāCic* de l'arabe soudanais (ex. *bárid* « froid », *fárek* « inutile », *fátih* « ouvert », *jáhiz* « prêt », *jámid* « bon », *šátir* « intelligent », *yábis* « sec »).

– Adjectifs *v́CCvC*

Cette forme est caractéristique des adjectifs de couleur dérivant du schème *aCCaC* de l'arabe soudanais (ex. *ábyad* « blanc », *ákdar* « vert », *ásfar* « jaune », *áswed* « noir »).

– Adjectifs *Cv́vC*

Cette forme inclut les adjectifs dérivant d'un schème arabe *CaCaC* dont la deuxième consonne pharyngale a été élidée comme dans le cas de (**ka'ab* >) *káab* « mauvais » et (**ṣa'ab*>) *sáab* « difficile ».

– Adjectifs intégrant le suffixe **-ān*

C'est une classe morphologiquement hétérogène qui inclut les adjectifs intégrant le suffixe adjectival d'origine arabe *-ān* (ex. *atšán* « assoiffé », *ayán* « malade », *haznán* « triste », *falsán* « fauché », *galtán* « coupable », *ganiyán* « riche » *hamlán* « enceinte », *jián* « affamé », *kaslán* « paresseux », *melyán* « plein », *šabaán* « rassasié », *sakrán* « ivre », *taabán* « fatigué », *takyán* « fatiguant », *zaalán* « fâché »).

– Adjectifs intégrant le suffixe **-i*

Cette classe, morphologiquement hétérogène, inclut les adjectifs intégrant le suffixe adjectival masculin singulier *-i* de l'arabe soudanais (ex. *afríki* « africain », *aháli* « ennuyeux » ; *amríki* « américain », *ásli* « original », *bémbi* « rose », *béri* « innocent », *búni* « brun », *galabái* « négligent », *gówi* « fort », *jenúbi* « sudiste », *mesíhi* « chrétien », *sudáni* « soudanais », *túrki* « turc », *záhabi* « blonde »).

– Adjectifs intégrant le préfixe **mv-*

Cette classe inclut des adjectif intégrant le préfix *mv-* des formes participiales derivées de l'arabe soudanais (ex. *mojnún* « fou », *mofrúd* « nécessaire », *mogfúl* « fermé », *moksúr* « cassé », *moksút* « content », *muáyan* « spécifique », *muhím* « important », *mukádes* « sacré », *muláwas* « corrompu », *murtá* « content », *mustájil* « pressé »).

– Adjectifs rédupliqués

On relève quelques adjectifs empruntés aux langues du substrat qui apparaissent toujours dans une forme rédupliquée comme c'est le cas pour *giríŋ~giríŋ* « à rayures » et *ŋulúŋ~ŋulúŋ* « rond ».

– Autres formes adjectivales

Enfin, on relève d'autres formes dont l'incidence est assez restreinte (ex. *amút* « amère », *batál* « mauvais », *benúr* « grand », *giyáfa* « beau, chic », *górgos* « rugueux », *hay* « vivant », *hílu* « doux », *ney* « cru », *ɲoŋoró* « laid », *súkun* « chaud », *šén* « mauvais, laid », *yugandíz* « ougandais »).

3.4. LA RÉDUPLICATION NOMINALE

La réduplication nominale est une procédure de dérivation qui permet un changement de classe lexicale des noms et des adjectifs. Certains noms, quand ils sont rédupliqués, sont réinterprétés comme des adjectifs, comme on peut le voir en (11).

(11) *béle(d)* « pays, village » > *béle(d)~béle(d)* « provincial »
móyo « eau » > *móyo~móyo* « liquide »
rután « patois » > *rután~rután* « corrompu »

De même, quand un adjectif est rédupliqué, il peut être réinterprété comme un nom. Tel est le cas pour l'adjectif *amiyán* « aveugle » dans l'exemple suivant :

(12) *iyál suker-ín del b=álabu amiyán~amiyán*
enfant.PL petit-PL2 PROX.PL IRR=jouer aveugle~aveugle
« Les petits enfants vont jouer à colin-maillard. »

Dans d'autres cas, la réduplication d'un nom (13) ou d'un adjectif (14-15) implique simplement une intensification sémantique.

(13) *ána bíga yába~yába*
1SG devenir homme_âgé~homme_âgé
« Je suis devenu un homme très âgé. »

(14) *kalám al jedíd~jedíd de*
discours REL nouveau~nouveau PROX.SG
« Cette façon extrémement nouvelle de parler. »

(15) *kamán fi arabát kubár~kubár gi=dówru*
ainsi EXS voiture.PL grand.PL~grand.PL NPONC=tourner
« Il y a aussi de très grandes voitures qui roulent. »

Compte tenu de ce qui précède, il n'est pas étonnant que la réduplication adjectivale soit la stratégie la plus productive pour l'expression d'un superlatif absolu (*cf.* 3.4.2.). Cependant, il faut remarquer que la réduplication dans le domaine nominal est beaucoup moins fréquente que dans le domaine verbal (*cf.* 4.3.3.) et adverbial (*cf.* 8.1.5.).

3.5. Les degrés de comparaison

3.5.1. Le comparatif

En AJ, le comparatif d'égalité est exprimé au moyen d'un adjectif suivi par le deuxième terme de comparaison introduit par la préposition *zey* « comme ».

(16) *ana kebír zey íta*
1SG gros comme 2SG
« Je suis aussi âgé que toi. »

En ce qui concerne le comparatif de supériorité, il est exprimé dans la plupart des cas par un adjectif suivi par le deuxième terme de comparaison introduit par la préposition *min* « de » (*cf.* 6.5.2.) comme on peut le voir dans les exemples suivants :

(17) *jow zey de kan kwes min=sakána ta júba*
climat comme PROX.SG ANT bon de=chaleur POSS Juba
« Un climat comme ça était mieux que la chaleur de Juba. »

(18) *zaráf towíl min=fíl*
girafe long de=éléphant
« La girafe est plus grande que l'éléphant. »

Comme dans les dialectes arabes du Soudan occidental (Owens 1993 : 161), le comparatif de supériorité peut être exprimé au moyen d'une tournure verbale impliquant le verbe transitif *fútu* « passer, dépasser ». Dans ce cas, la qualité comparée est en position de sujet et elle est modifiée par un déterminant possessif corrélé au premier terme de la comparaison, tandis que le deuxième terme de comparaison suit le verbe *fútu* en position d'objet direct.

(19) *gúwa tái gi=fútu íta*
force POSS.1SG NPONC=passer 2SG
« Je suis plus fort que toi. » (lit. « Ma force dépasse toi. »)

3.5.2. Le superlatif

Dans la plupart des cas, le superlatif relatif s'exprime syntaxiquement par le déplacement de l'adjectif en tête de l'énoncé, comme on peut le voir en (20).

(20) *kebír tómon yáwu tomáya*
grand POSS.3PL INFO Tomaya
« Le plus grand d'entre eux est Tomoya » (Miller 2008b)

Cependant, les locuteurs des variétés acrolectales d'AJ peuvent employer des schèmes morphologiques élatifs d'origine arabe tels que **aḥsan > ahsan* « mieux »

(21) *de áhsan ikisái ta jiráha*
PROX.SG meilleur spécialiste POSS chirurgie
« Celui-là est le meilleur spécialiste de chirurgie. »

En ce qui concerne le superlatif absolu, il peut être exprimé soit par la réduplication d'un adjectif (22), soit par la réduplication de l'adjectif-adverbe *sehí* « correct, bien » placé après l'adjectif (23, *cf.* 8.1.5.).

(22) *mahál tamám~tamám*
lieu bon~bon
« Un très bon lieu. »

(23) *kalám tamám seí~seí*
discours bon correct~correct
« Un très beau discours. »

3.6. LE NOMBRE

Parmi les langues créoles, l'AJ est caractérisé par un système de marquage du nombre particulièrement complexe. Le pluriel nominal peut être encodé par différentes stratégies morphosyntaxiques telles que la suffixation, la supplétion, la création de formes plurielles mixtes et l'adposition nominale (Manfredi 2014)[14]. Malgré cela, un grand nombre de noms ne présente pas de forme marquée pour le pluriel. Cela ne concerne pas uniquement des noms collectifs et de masse tels que *suf* « poils, cheveux », *budá* « biens », *benzín* « essence », et *ásel* « miel » mais aussi des noms communs tels que *bab* « porte », *fâtra* « période », *dušumán* « conflit » ainsi que des adjectifs tels que *hámer* « rouge », *giyáfa* « beau » ou *bárid* « froid ».

3.6.1. Le pluriel par suffixation

La suffixation est sans doute la stratégie de marquage du pluriel la plus fréquente en AJ. On relève la présence de trois suffixes de pluralisation nominale. Ce sont les suffixes d'origine arabe *-át* et *-ín,* et le suffixe *-jín,* issu de l'adstrat bari. D'un point de vue phonologique, les suffixes de pluralisation sont toujours accentués et ne sont pas assimilés au nom qu'ils modifient (*cf.* 2.4.1.).

3.6.1.1. Le suffixe -át

Le suffixe *-át* (glosé -PL1) est de loin le suffixe de pluralisation le plus fréquent et il est étymologiquement lié au suffixe féminin singulier *-āt* de l'arabe soudanais. En AJ, *-át* n'encode plus un genre grammaticale et il peut modifier la plupart des noms sans aucune restriction sémantique. Sur le plan formel, si le suffixe *-át* est attaché à un nom se terminant en *-a* ou en *-u,* la dernière voyelle du nom singulier est élidée. Au contraire, si le suffixe *-át* est attaché à un nom à finale *-i,* il apparaît avec sa variante allomorphique *-yát*.

---

[14] Goldstein (sous presse) dans son approche phylogénétique préfère mettre en évidence la simplification du système de pluralisation nominal de l'AJ par rapport à la langue lexificatrice et par rapport aux langues du substrat nilotique.

(24)	*bágara*	*bagar-át*	« vache(s) »
	dábara	*dabar-át*	« blessure(s) »
	difán	*difan-át*	« invite(s) »
	dúfur	*dufur-át*	« ongle(s) »
	gumás	*gumas-át*	« habit(s) »
	mundukúru	*mundukur-át*	« Arabe(s) (du nord Soudan) »
	ɲerkúk	*ɲyerkuk-át*	« enfant(s) »
	síbir	*sibir-át*	« rite(s) »
	síster	*sister-át*	« bonne(s) sœur(s) »
	sondowís	*sondowis-át*	« sandwich(s) »
	tandúra	*tandur-át*	« jupe(s) traditionnelle(s) »
	úsa	*us-át*	« visage(s) »
	skérti	*skerti-yát*	« jupe(s) »
	táksi	*taksi-yát*	« taxi(s) »

3.6.1.2. Le suffixe -ín

Le suffixe *-ín* (glosé -PL2) est étymologiquement lié au suffixe masculin pluriel *-īn* de l'arabe soudanais. En synchronie, *-ín* est spécialisé dans la pluralisation des adjectifs et de certains noms de référents animés (Miller 1993 : 150)[15]. Si le suffixe *-ín* est attaché à un nom à finale vocalique, celle-ci est régulièrement élidée.

(25)	*ayán*	*ayan-ín*	« malade(s) »
	jenúbi	*jenub-ín*	« sud soudanais »
	mesíhi	*mesihi-ín*	« chrétien(s) »
	falsán	*falsan-ín*	« fauché(s) »
	mostúl	*mostul-ín*	« défoncé(s) »
	moksút	*moksut-ín*	« content(s) »
	mudéris	*muderis-ín*	« enseignant(s) »
	salúg	*salug-ín*	« dragueur(s) »
	sawág	*sawag-ín*	« chauffeur(s) »
	kadám	*kadam-ín*	« ouvrier(s) »
	sukér	*suker-ín*	« petit(s) »
	kíni	*kin-ín*	« Kényan(s) »
	tájir	*tajir-ín*	« commerçant(s) »

[15] Il s'agit, en particulier, des noms dérivant des participes actifs ou des noms de profession présentant le schème morphologique *CaCCāC* en arabe soudanais.

Bien que le suffixe *-ín* soit spécialisé dans le marquage des adjectifs et des noms de référents animés, on relève quelques chevauchements fonctionnels entre *-át* et *-ín* dans la pluralisation de certains noms (Manfredi 2014).

(26)	*kawál*	*kawal-ín/kawal-át*	« homosexuel(s) »
	kásab	*kasab-ín/kasab-át*	« morceau(x) de bois »

3.6.1.3. Le suffixe -jín

Le suffixe *-jín* (glosé -PL.3) est la seule marque de pluralisation empruntée au bari, la principale langue du substrat/adstrat nilotique (Nakao 2012). En effet, un des traits typologiques les plus significatifs de la morphologie nominale du bari est la présence d'une vingtaine de suffixes de pluralisation dont l'occurrence est déterminée par les traits phonologiques du dernier segment du nom singulier (Owen 1908 : 47-49). Dans ce contexte, la haute incidence du suffixe **-jín* en bari[16] a favorisé son intégration en AJ. L'abondance des suffixes pluriels en bari pourrait expliquer pourquoi l'AJ a gardé la catégorie du nombre, alors qu'il a perdu la catégorie du genre, absente en bari.

En AJ, le suffixe *-jín* représente une innovation relativement récente introduite par les jeunes locuteurs urbains[17]. Actuellement, *-jín* est employé comme marque de pluralisation des emprunts à différentes langues de l'adstrast, indépendamment des règles de pluralisation du bari.

(27)	*lógunu*	*logunu-jín*	« vautour(s) »
	b'angíri	*b'angíri-jín*	« joue(s) »
	londo	*londo-jín*	« arabe(s) (du nord Soudan) »
	dáŋa	*daŋa-jín*	« arc(s) »
	laboró	*laboro-jín*	« banane(s) »
	korófo	*korofo-jín*	« feuille(s) »
	zirofó	*zirofo-jín*	« grossier(s) »

[16] En bari, les suffixes pluriels les plus fréquents son *-jin, -t, -a,* et *-an* (Spagnolo 1933 : 31-42 ; Yokwe 1987 : 134-165).

[17] Si on considère que le suffixe *-jín* est absent en (ki-)nubi, il est évident que son intégration en AJ est postérieure à la séparation des deux langues (*cf.* 1.1.2).

3.6.2. Le pluriel par supplétion

L'AJ a hérité des pluriels supplétifs de l'arabe soudanais :

(28) *mára* « femme » *nusuwán* « femmes »
weled « enfant, garçon » *iyál* « enfants, garçons »

On relève, en outre, un nombre important de noms pluriels résultant de la lexicalisation de différents schèmes de pluriel interne de l'arabe soudanais. Etant donné que le système morphologique racine-schème de la langue lexificatrice n'est plus productif en AJ, ces formes doivent être décrites en synchronie comme des pluriels supplétifs plutôt qu'internes (Manfredi 2014). Parmi les pluriels supplétifs les plus fréquents on peut citer :

(29) *akú* « frère » *akwán* « frères »
bet « maison » *buyút* « maisons »
biníya « fille » *banát* « filles »
angaréb « lit en bois » *anangaréb* « lits en bois »
béled « pays » *bilád* « pays »
dukán « boutique » *dakakín* « boutiques »
káli « oncle maternel » *kilán* « oncles maternels »
kabír « grand » *kubár* « grands »
kúrsi « fauteuil » *karási* « fauteuils »
šár « rue », *šawári* « rues »
sultán « chef tribal » *salátin* « chefs tribaux »
wádi « rivière » *widyán* « rivières »

De manière générale, l'emploi des pluriels supplétifs est affecté par une forte variation individuelle. Dans cette situation, on peut noter des chevauchements fonctionnels entre les formes plurielles supplétives (acrolectales) et le suffixe *-át* (basilectal) dans la pluralisation de certains noms.

(30) *bontolón* « pantalon » *banatlín / bontolon-át* « pantalons »
yom « jours » *ayám / yom-át* « jours »

3.6.3. Les pluriels mixtes

En plus de la pluralisation par suffixation, certains noms présentent aussi une forme de pluriel mixte ou double. Il s'agit d'un pluriel exprimé au moyen d'une forme supplétive en combinaison avec le suffixe *-ín* (*cf.* 3.6.1.2) ou le suffixe *-át* (*cf.* 3.6.1.1.) :

(31)	*akú* « frère »	*akwán / akwan-ín* « frère(s) »
	kebír « grand »	*kubár / kubar-ín* « grand(s) »
	kelib « chien »	*kiláb / kilab-át* « chien(s) »
	rájil « homme »	*rujál / rujal-ín* « homme(s) »

3.6.4. Le pluriel par apposition nominale

La dernière stratégie de pluralisation implique l'apposition d'un nom singulier au lexème collectif *nas* « gens ». Cette stratégie de pluralisation est particulièrement productive dans les cas de noms d'animaux non-domestiques (32) et des ethnonymes (33). Cependant *nas* peut aussi marquer le pluriel de quelques noms de profession tels que *wozír, nas wozír* « ministre(s) ».

(32)	*ásed,*	*nas ásed*	« lion(s) »
	tumsá,	*nas tumsá*	« crocodile(s) »
	dawút,	*nas dawút*	« insect(s) »
	zaráf,	*nas zaráf*	« girafe(s) »
	dubán,	*nas dubán*	« mouche(s) »
(33)	*báka,*	*nas báka*	« (les) Baka »
	bári,	*nas bári*	« (les) Bari »
	pojulú,	*nas pojulú*	« (les) Podjoulou »
	moró,	*nas moró*	« (les) Moro »
	inglíz,	*nas inglíz*	« (les) Anglais »

Type de pluralisation	**Domaine**
-át PL1	noms
-ín PL2	adjectifs noms animés
-jín PL3	emprunts aux langues d'adstrat
pluriels supplétifs et mixtes	noms adjectifs
apposition nominale *nas* + N	noms d'animaux non-domestiques ethnonymes

Tableau 9. Le marquage du pluriel

3.6.5. Le duel

Tout comme le genre (*cf.* 3.7.), le duel n'est pas une catégorie morphologiquement productive en AJ. Seuls quelques mots, principalement dans le domaine de la mesure du temps, gardent une forme étymologique figée en **-ēn* > *-én* (ex. *yomén* « deux jours », *sanatén* « deux ans »). Ce même suffixe *-én* a servi à la lexicalisation d'une forme de pluriel supplétif pour les parties doubles du corps (ex. *ída* « main », *idén* « mains », *kúra* « pied », *kurén* « pieds »). Enfin, on relève aussi la présence des numéraux *mitén* « deux-cent » et *alfén* « deux-mille » dérivant de l'arabe soudanais (*cf.* 3.14.).

3.7. LE GENRE

La catégorie du genre est morphologiquement improductive dans tous les domaines grammaticaux de l'AJ. Néanmoins, on retrouve quelques noms féminins lexicalisés dans le domaine des termes de parenté.

(34) *rájil* « homme » *mára* « femme »
akú « frère » *úkut* « sœur »
abú « père » *úma* « mère »
nesíb « bon-frère » *nesíba* « belle-sœur »
arís « époux » *arús* « épouse »

En outre, on peut noter l'emploi du relateur *abú* (*cf.* 7.4.4.) en combinaison avec le nom *mára* « femme » indiquant la femelle ou avec le nom *rájil* « homme » indiquant le mâle chez les animaux, la forme simple apparaissant comme le terme générique et la forme avec *abú* comme le terme marqué de l'un ou l'autre sexe.

(35) *himár* « âne » *himár abú mára* « ânesse »
kedís « chat » *kedís abú mára* « chatte »
kelib « chien » *kelib abú mára* « chienne, prostituée »
ganámaya « chèvre » *ganámaya abú rájil* « bouc »
kurúf abú mára « brebis » *kurúf abú rájil* « bélier »

Cette procédure de composition nominale peut s'étendre également à d'autres référents animés comme dans le cas de *mélik* « roi », *mélik abú mára* « reine ».

3.8. Les affixes argotiques

Pendant les dernières décennies, on a assisté à l'émergence d'un parler argotique employé par les jeunes locuteurs de l'AJ (Miller 2004 ; Nakao 2012)[18]. À côté d'un nombre important d'innovations lexicales résultant des métaphores ainsi que de l'intégration d'emprunts (*cf.* 10.2.), cette variété d'AJ a recours à l'emploi de certains affixes argotiques (glosés ARG). Il s'agit d'affixes qui ne véhiculent pas de valeur grammaticale, mais qui sont employés exclusivement pour crypter le sens de certains substantifs et adjectifs. Dans notre corpus, les affixes argotiques les plus employés sont le suffixe *-ís* (36-37) et le préfixe *na-* (38).

(36) *mar-ís* *ta* *kal-ís* *gi=gúm* *besabá*
femme-ARG POSS oncle_maternel-ARG NPONC=se_lever le_matin
« La meuf de mon dabe se lève le matin. »

(37) *kan* *yum-ís* *kan* *fi=bét*
COND mère-ARG ANT dans=maison
« Si la reum était dans la maison, … »

[18] Cette variété argotique est souvent désignée par le glossonyme *rendók,* par analogie avec le parler argotique des jeunes urbains du Soudan du nord et avec lequel elle partage certains traits morphologiques (Manfredi 2009).

(38) *nas ta na-yúm*
gens POSS ARG-mère
« Les parents de la reum. »

Cependant, on retrouve aussi les suffixes *-ón* (ex. *maliky-ón* « Malikiya » (quartier de Juba), Miller 2004 : 74) et *-é* (ex. *itnin-é* « deux », Nakao 2012 : 113).

3.9. LES PRONOMS PERSONNELS

	SG	PL
1	*ána*	*(a)nína, ánna, ínna*
2	*íta*	*ítakum*
3	*úo*	*úmon*

Tableau 10. Les pronoms personnels

Le système pronominal de l'AJ se caractérise par la présence d'une seule série de pronoms indépendants qui distingue deux nombres (singulier et pluriel) et trois personnes. Excepté *ítakum* 2PL, qui dérive de la grammaticalisation du pronom indépendant de 2SG.M suivi du pronom clitique de 2PL*=*kum* de l'arabe soudanais, tous les pronoms de l'AJ ont un étymon arabe (ex. *'*ana* 1SG > *ána* 1SG, **huw(a)* 3SG.M > *úo* 3SG, **anīḥna* 1PL > *anína* 1PL). En général, les pronoms personnels peuvent se substituer à un nom en fonction de sujet, d'objet direct (39-40) et d'objet indirect (41) d'un verbe.

(39) *hal íta árif úo* ↑
Q.TOT 2SG savoir 3SG
« Est-ce que tu le connais ? »

(40) *úmon áynu ána*
3PL voir 1SG
« Ils m'ont vu. »

(41) *ánna dáfa bob le=úo*
1PL payer argent.ARG à=3SG
« Nous lui avons donné du fric. »

De même, ils peuvent être la tête (42) ou le prédicat (43) d'une phrase nominale.

(42) *úmon kwes-ín*
3PL bon-PL2
« Ils sont bons. »

(43) *de ma ána*
PROX.SG NEG 1SG
« Ce n'est pas moi. »

3.10. Les démonstratifs

3.10.1. Les pronoms et les déterminants démonstratifs

	PROX	DIST
SG	*de*	*dak*
PL	*del*	

Tableau 11. Les pronoms et les déterminants démonstratifs

L'AJ présente un système démonstratif opposant deux degrés de deixis : proximal *vs* distal. Seuls les démonstratifs proximaux marquent une distinction de nombre (singulier, pluriel). D'un point de vue diachronique, on peut noter que, tout comme les pronoms personnels, les démonstratifs de l'AJ ont les étymons masculins de la langue lexificatrice (**da* PROX.SG.M > *de* PROX.SG, **dēl* PROX.PL > *del* PROX.PL, **dāk* DIST.SG.M > *dak* DIST). Comme c'est le cas pour l'arabe soudanais, les pronoms et les déterminants démonstratifs sont identiques sur le plan formel. Cependant, ils peuvent être différenciés sur la base de leur syntaxe : les pronoms démonstratifs précèdent toujours un prédicat (44), tandis que les déterminants démonstratifs suivent le nom qu'ils modifient (45).

(44) *de múškila kebír*
PROX.SG problème grand
« C'est un problème de grande importance. »

(45) *úo g=wónusu árabi ta mundukur-át del*
3SG NPONC=discuter arabe POSS nord_soudanais-PL1 PROX.PL
« Il parle l'arabe de ces Arabes du Soudan du nord. »

Les démonstratifs proximals peuvent aussi représenter un prédicat nominal précédé par la marque informationnelle *yáwu* (*cf.* 3.16., 9.2.2.).

(46) *úo yáwu de*
3SG INFO PROX.SG
« C'est (bien) lui. »

Le démonstratif proximal singulier *de* est souvent employé en combinaison avec des adverbes de temps (47) pour marquer la proximité temporelle de l'action décrite (*cf.* 8.1.2.).

(47) *ána ja hása de*
1SG venir maintenant PROX.SG
« Je viens juste d'arriver. » (lit. « Je suis arrivé ce maintenant. »)

Le démonstratif distal *dak*, de son côté, a une occurrence limitée car il apparaît exclusivement en position adnominale pour indiquer une distance spatiale (48) ou temporelle (49).

(48) *síbu zol dak*
laisser homme DIST
« Laisse tomber cet homme-là. »

(49) *yom dak íta sítimu ána*
jour DIST 2SG vexer 1SG
« Ce jour-là, tu m'as vexé. »

Les pronoms (49) et les déterminants (50) démonstratifs proximaux sont largement employés dans des contextes situationnels pour indiquer des référents extratextuels présents au moment de l'énonciation (Manfredi 2017).

(50) *de médresa ta kenísa*
PROX.SG école POSS église
« Celle-ci est l'école de l'église. »

(51) *nas del kúlu gi=géni sáwa*
gens PROX.PL tout NPONC=rester ensemble
« Tous ces gens habitent ensemble. »

3.10.2. L'emploi anaphorique du démonstratif *de*

En plus de sa fonction situationnelle, le déterminant proximal singulier *de* est souvent employé comme une marque d'anaphoricité pour repérer un référent déjà introduit dans le discours. L'exemple (52) montre que, quand le référent *tífu* est introduit pour la première fois dans le discours, il n'est pas marqué, tandis que dans sa deuxième mention il est déterminé par le démonstratif *de*.

(52) *fi* *líbsa* *ta* *rujál* *gi=nadí* *tífu*
EXS vêtement POSS homme.PL NPONC=appeler *tifu*
ûmon *gi=líbisu* *tífu* *de*
3PL NPONC=endosser *tifu* PROX.SG
« Il y a un vêtement pour hommes appelé *tifu*. Ils endossent (ce/le) *tifu*. »

La grammaticalisation de la fonction anaphorique du démonstratif *de* est démontrée par la perte d'opposition de nombre. Comme on peut le voir en (53), quand il est mentionné une deuxième fois, le référent pluriel *mundukur-át* « Arabes du Soudan du nord » est modifié par *de,* alors que dans des contextes non-anaphoriques (*cf.* 3.10.1. ex. 45), il régit un accord au pluriel.

(53) *mundukur-át* *tában* *íta* *árif* *harak-át*
arabe_nord_soudanais-PL1 évidement 2SG connaître action-PL1
ta *mundukur-át* *de*
POSS arabe_nord_soudanais-PL1 PROX.SG
« En ce qui concerne les Arabes du nord Soudan, bien évidement tu connais les habitudes de (ces/les) Arabes du nord Soudan. »

De plus, quand *de* est employé avec une fonction anaphorique, il peut aussi suivre des noms propres (54) et des pronoms (55).

(54) *ána* *éndu* *akú* *tái* *táni* *ísim* *to* *tatamá*
1SG avoir frère POSS.1SG deuxième nom POSS.3SG Tatama
tatamá *de* *gi=géni* *fi=bór* *sudán*
Tatama PROX.SG NPONC=rester dans=Port Sudan
« J'ai un autre frère qui s'appelle Tatama. Ce Tatama habite à Port Soudan. »

(55) *nas ta šimál zey de*
gens POSS nord comme PROX.SG
úmon de gi=híbu mašákil ketír
3PL PROX.SG NPONC=aimer problème.PL beaucoup
« Les gens du nord sont comme ça. Ils aiment beaucoup les problèmes. »

Il faut remarquer que plusieurs spécialistes (Heine 1982 : 33 ; Owens 1990 : 229, 240-241 ; Tosco & Owens 1993 : 234-235, 250 ; Luffin 2005 : 444-445 ; Wellens 2005 : 81) ont avancé l'hypothèse que dans les pidgins et les créoles arabes d'Afrique de l'Est, le démonstratif *de* fonctionne comme un article défini remplaçant l'article arabe *al=*. Même si l'emploi anaphorique du démonstratif *de* pourrait suggérer un processus de grammaticalisation vers un article défini post-nominal (Diessel 1999), cette hypothèse est réfutée par le fait qu'un nom non-marqué peut être interprété alternativement comme défini ou comme indéfini.

(56) *kamán nesib-át bi=jáhizu háfla kebír*
ainsi belle_sœur-PL1 IRR=préparer fête grande
« Ainsi (les/des) belles sœurs préparent (la/une) grande fête. »

De plus, les noms intrinsèquement identifiables qui devraient être typiquement marqués par un article défini, apparaissent dans la plupart des cas dans leur forme non-marquée, comme c'est le cas pour *sémis* « soleil » dans l'exemple suivant :

(57) *šémis gi=tála sabá bédri*
soleil NPONC=sortir matin tôt
« (Le) soleil se lève tôt le matin. »

Cependant, les locuteurs monolingues d'AJ ont tendance à employer le déterminant *de* comme une marque de définitude avec des noms intrinsèquement identifiables comme c'est le cas de *insán* « être humain » en (58) :

(58) *insán de harámi*
être_humain PROX.SG voleur
« L'être humain est un voleur. »

Dans une perspective de synchronie dynamique, il semble donc que le processus de nativisation de l'AJ est le facteur sous-jacent à la graduelle grammaticalisation du démonstratif *de,* le passage de déterminant proximal à article défini, via une phase intermédiaire de marque d'anaphoricité (Manfredi 2017).

3.11. LES DÉTERMINANTS INDÉFINIS

Comme on l'a déjà remarqué (*cf.* 3.10.2. ex. 55), l'AJ n'a pas encore grammaticalisé d'outils morphologiques pour marquer une opposition de définitude. De ce fait, une forme nominale non-marquée peut être interprétée comme définie en fonction du contexte, comme c'est le cas pour *matár* « aéroport » et *bet* « maison » dans l'exemple suivant :

(59) *min=júwa matár lakádi bét*
de=dans aéroport jusqu'à maison.
« De l'intérieur de (l') aéroport jusqu'à (la) maison. »

Cependant, de même que le démonstratif *de* peut être parfois employé pour marquer un nom défini, quand le numéral cardinal *wáhid* « un » (*cf.* 3.14.1) précède un substantif, il marque aussi des référents indéfinis mais spécifiques comme c'est le cas pour *dúfur* « ongle » en (60) et *zol* « homme » en (61).

(60) *úo dúrubu wáhid dúfur ta ída to*
3SG frapper un ongle POSS main POSS.3SG
« Il s'est cogné un ongle de la main. » (lit. « Il a frappé un ongle de sa main »)

(61) *ána ligó wáhid zol min=malakál*
1SG trouver un homme de=Malakal
« J'ai trouvé un homme de Malakal. »

En revanche, quand *wáhid* « un » apparaît en position post-nominale, il peut marquer un référent indéfini mais exclusivement spécifique comme c'est le cas pour *tijá* « direction » en (62) et *béled* « pays » en (63).

(62) *fikra tómon be=tijá wáhid*
idée POSS.3PL par=direction un
« Ils pensent d'une seule façon. »

(63) *nas ta béled wáhid*
gens POSS pays un
« Les gens d'un seul pays. »

En outre, l'AJ emploie le numéral ordinal *táni* « deuxième » (qui, comme en arabe soudanais, est aussi employé comme un adjectif signifiant « autre », *cf.* 3.14.2.) pour marquer un référent indéfini et non-spécifique comme dans le cas de *yom* « jour » en (64) et *zol* « homme » en (65).

(64) *yóm táni úo kan rówa be=kurá*
jour deuxième 3SG ANT aller par=pied
« Un (certain) jour, il était parti à pied. »

(65) *yom táni zol táni ja ligó jébel de*
jour deuxième homme deuxième venir trouver montagne PROX.SG
« Un (certain) jour, un (certain) homme a trouvé cette montagne. »

	définitude	**spécificité**
ø	–/+	–/+
wáhid + N	–	+
N + *wáhid*	–	++
N + *táni*	–	–

Tableau 12. Les déterminants indéfinis

3.12. La marque de possession *ta, bita*

L'AJ exprime une possession attributive au moyen de la marque de possession invariable *ta, bitá* (glosé POSS) dont l'étymon est à rechercher dans la particule d'annexion *bitāʿ* POSS.SG.M de l'arabe égyptien et nord soudanais. En AJ, la construction possessive attributive suit toujours l'ordre Possédé *ta* Possesseur comme on peut le voir dans les exemples suivants :

(66) *íta árif zurúf ta júba de*
2SG savoir condition.PL POSS Juba PROX.SG
« Tu connais les conditions de Juba. »

(67) *zol* *bi=rówa* *kútu* *móyo* *ta* *šái* *fi=nár*
homme IRR=aller mettre eau POSS thé dans=feu
« Quelqu'un va mettre l'eau du thé sur le feu. »

(68) *fi=morá* *ta* *wáhid* *ta* *mundári*
dans=clôture POSS un POSS Mundari
« Dans la clôture d'un des Mundari. »

D'un point de vue fonctionnel, *ta* est souvent employé dans l'expression des années. En ce cas, *ta* apparaît entre le nom *séna* « année » et un numéral cardinal.

(69) *fi=séna* *ta* *itnén* *wa* *tiseín*
dans=an POSS deux et quatre-vingt-dix
« Dans l'année quatre-vingt-douze. »

Enfin, il faut remarquer que l'emploi de la forme longue *bitá* est caractéristique d'un registre élevé, typique du domaine religieux.

(70) *dóm* *bitá* *yesúa* *almesí*
sang POSS Jésus messie
« Le sang du messie Jésus. » (Miller 2009 : 391)

3.13. Les pronoms et les déterminants possessifs

	SG	PL
1	*tái, bitái*	*tanína, tánna, bitánna*
2	*táki, bitáki*	*tákum bitákum*
3	*tó, bitó*	*tómon, bitómon*

Tableau 13. Les pronoms et les déterminants possessifs

Dans une perspective diachronique, les pronoms et les déterminants possessifs sont le résultat de la grammaticalisation des syntagmes possessifs *bitā'*=PRO de l'arabe égyptien et nord soudanais (ex. **bitā'=i* POSS.SG.M=1SG > *tái* POSS.1SG). De même que la marque de possession *bitá* POSS (*cf.* 3.12.), les formes longues *bitái*, *bitáki* etc. sont caractéristiques d'un registre élevé de la langue. En termes syntaxiques, les possessifs apparaissent le plus souvent comme des déterminants après le nom qu'ils modifient et ils s'accordent en nombre avec le possesseur.

(71)

ána	*síbu*	*idén*	*bitái*	*le=rábuna*	*bes*
1SG	laisser	main.PL	POSS.1SG	à=dieu	seulement

« Je m'en suis juste remis à dieu. » (lit. « J'ai laissé mes mains seulement à dieu. »)

(72)

íta	*bi=kútu*	*šánta*	*táki*	*fi=rás*	*táki*
2SG	IRR=mettre	sac	POSS.2SG	dans=tête	POSS.2SG

« Tu vas mettre ton sac sur la tête. » (lit. « Tu mets ton sac sur ta tête »)

Quand un déterminant possessif suit la marque *ta* (*cf.* 3.12.), il insiste sur l'inaliénabilité de la relation possessive comme c'est le cas pour les référents *árabi* « (langue) arabe » en (73) et *idén* « main » en (74).

(73)

árabi	*ta*	*tómon*	*henák*	*zey*	*árabi*	*ta*	*tánna*
arabe	POSS	POSS.3PL	là-bas	comme	arabe	POSS	POSS.1PL

« Leur arabe là-bas est comme notre arabe. »

(74)

idén	*ta*	*to*	*kúlu*	*maksúr*
main.PL	POSS	POSS.3SG	tout	cassé

« Ses mains sont complétement cassées. »

Les possessifs peuvent avoir une fonction prédicative. En l'absence d'une copule, quand le possessif est prédicat nominal, il suit immédiatement une tête nominale déterminée, comme c'est le cas pour *to* POSS.3SG en (75).

(75)

angaréb	*de*	*to*
lit_en_bois	PROX.SG	POSS.3SG

« Ce lit en bois est à lui. »

Les pronoms possessifs peuvent aussi remplacer la tête d'une phrase nominale. Ils sont alors séparés de leur prédicat par l'insertion du démonstratif proximal singulier *de* (*cf.* 3.10.2.).

(76)

tái	*de*	*kebír*
POSS.1SG	PROX.SG	grand

« Le mien (dont je parlais) est grand. »

(77)

tómon	*de*	*ásli*
POSS.3PL	PROX.SG	original

« Le leur (dont je parlais) est l'original. »

Les possessifs peuvent également être employés après des adverbes de lieu, tels que *gidám* « devant » ou *wára* « derrière » (*cf.* 8.1.1.), pour identifier le point de repère de l'action décrite.

(78) *ána kan wógif gidám to*
1SG ANT être_debout devant POSS.3SG
« J'étais debout en face de lui là. »

L'identification du point de repère peut être renforcée par l'emploi de la particule d'annexion *ta* (*cf.* 3.12.) devant le déterminant possessif.

(79) *úmon g=istafid zátu min=wára ta tómon*
3PL NPONC=profiter CONTR de=derrière POSS POSS.3PL
« Ils profitent derrière leur dos. »

Enfin, les possessifs sont souvent employés comme marqueurs de co-référentialité dans les constructions attributives intensives (*cf.* 6.1.3), réflexives (*cf.* 6.3.3), et réciproques (*cf.* 6.3.4).

3.14. Les numéraux

3.14.1. Les numéraux cardinaux

1 wáhid	*11 hidášar*	*21 wáhid w iširín*	*40 arbaín*
2 tinén, (i)tinín	*12 itnášar*	*22 tinén wa iširín*	*50 kamsín*
3 taláta	*13 talatášar*	*23 taláta wa iširín*	*60 sitín*
4 árba	*14 arbatášar*	*24 árba wa iširín*	*70 sabaín*
5 kámsa	*15 kamsatášar*	*25 kámsa wa iširín*	*80 tamanín*
6 síta	*16 sitášar*	*26 síta wa iširín*	*90 tisyín*
7 sába	*17 sabatášar*	*27 sába wa iširín*	*100 mía*
8 tamánya	*18 tamantášar*	*28 tamánya wa iširín*	*200 mitén*
9 tísa	*19 tisatášar*	*29 tísa wa iširín*	*1000 al(i)f*
10 ášara	*20 iširín*	*30 teletín*	*2000 alfén*

Tableau 14. Les numéraux cardinaux

Tous les numéraux cardinaux ont un étymon arabe. Les numéraux de onze à dix-neuf sont des monèmes portant un seul accent de hauteur.

Pour ce qui est des dizaines de vingt à quatre-vingt-dix-neuf, les unités précèdent toujours les dizaines, les deux éléments étant séparés par la conjonction *wa* « et » (*cf.* 7.2.1). Les numéraux cardinaux peuvent être employés isolément dans des énumérations, ou comme des adjectifs modifiant un nom (*cf.* 3.16). Le numéral *wáhid* « un » est souvent employé comme déterminant indéfini qui peut à la fois précéder un substantif pour marquer un référent indéfini et spécifique (*cf.* 3.11. ex. 60-61), ou le suivre pour marquer un référent indéfini et exclusivement spécifique (*cf.* 3.11. ex. 62-63).

Dans les noms de mois, de jours ainsi que dans l'expression de l'heure, les numéraux cardinaux suivent systématiquement les lexèmes avec lesquels ils se combinent.

(80) *fi=yom išrín šáhar síta*
dans=jour vingt mois six
« Le vingt juin. » (lit. « dans le jour vingt le mois six »)

(81) *ána b=wósulu henák sáa intášer bilél*
1SG IRR=arriver là-bas heure douze de_nuit
« Je vais arriver à minuit. »

3.14.2. Les numéraux ordinaux

L'AJ présente seulement deux formes lexicalisées pour les numéraux ordinaux. Il s'agit de *áwal* « premier » et *táni* « deuxième », les deux étant respectivement dérivés de l'arabe soudanais **awwal* et **tāni*. Le numéral *áwal* « premier » précède toujours le nom qu'il modifie :

(82) *áwal mára ána rówa bor sudán*
premier fois 1SG aller Port_Soudan
« (C'était la) première fois que je suis allé à Port Soudan. »

(83) *de áwal hája al ánna lázim b=ámulu*
PROX.SG première chose REL 1PL devoir IRR=faire
« C'est la première chose que nous devons faire. »

En ce qui concerne le numéral ordinal *táni* « deuxième », quand il est employé avec une fonction d'adjectif numéral, il précède lui aussi le nom qu'il modifie.

(84) *táni múškila yáwu giráya*
deuxième problème INFO éducation
« Un deuxième problème, c'est l'éducation. »

Cependant, comme en arabe soudanais, *táni* est plus souvent utilisé comme un adjectif signifiant « autre »[19]. Dans ce cas, il suit le nom qu'il modifie avec lequel il peut s'accorder en nombre comme on peut le voir en (86).

(85) *úmon bi=kélim be=rután táni baráu*
3PL IRR=parler par=patois deuxième seul
« Ils parlent dans un autre patois (différente de la mienne). »

(86) *fi farig-át tan-ín fi=jenúb*
EXS équipe-PL1 deuxième-PL2 dans=sud
« Il y a d'autres équipes au (Soudan du) Sud. »

Dans une perspective de synchronie dynamique, il est plausible que cette valeur adjectivale de *táni* soit la source de son expansion fonctionnelle comme déterminant indéfini et non-spécifique (*cf.* 3.11. ex. 64-65).

Pour ce qui est des numéraux ordinaux supérieurs à deux, ils peuvent être exprimés au moyen de deux constructions périphrastiques. La première se caractérise par l'emploi du substantif *nímra* « nombre », suivi d'un numéral cardinal.

(87) *fi=síka nímra taláta*
dans=chemin nombre trois
« Dans la troisième rue. »

Dans la deuxième construction, le numéral ordinal est exprimé au moyen de la marque de possession *ta* (*cf.* 3.12.) suivie par un numéral cardinal :

(88) *yom ta kámsa*
jour POSS cinq
« Le cinquième jour. »

[19] *táni* peut être employé aussi comme un adverbe de temps signifiant « de nouveau, à nouveau » :
táni úo jíbu lében le=ána
deuxième 3SG amener lait à=1SG
« Il m'a de nouveau apporté du lait. »

3.15. LE VOCATIF

Le vocatif est exprimé au moyen de la marque *ya*[20] (glosé VOC) qui dérive de l'arabe soudanais **yā*. Généralement, *ya* n'entretient aucune relation de dépendance avec les termes constitutifs de la prédication. Le vocatif est toujours syntaxiquement et prosodiquement indépendant. Quand il est employé dans des contextes situationnels pour appeler quelqu'un présent au moment de l'énonciation, il apparaît comme un élément isolé constituant une seule unité intonative majeure.

(89) *ya wéled//*
VOC garçon
« Hé, garçon ! »

Cependant, le vocatif est plus souvent employé avec une fonction discursive pour retenir l'attention de l'interlocuteur. Dans ce cas, il est placé en fin d'énoncé et il est séparé de ce qui précède par une frontière prosodique mineure :

(90) *íta árif / ya jek//*
2SG savoir VOC mec.ARG
« Tu sais, mec. »

(91) *ána báda dúgu bab / ya zol//*
1SG commencer frapper porte VOC homme
« J'ai commencé à taper à la porte, mon pote. »

3.16. ORDRE ET ACCORD DES COMPOSANTS NOMINAUX

De manière générale, les modificateurs attributifs suivent toujours le nom qu'ils modifient, en respectant l'ordre suivant : *Nom + [Adjectif] + [Déterminant possessif] + [Déterminant démonstratif]*

(92) *bet de*
maison PROX.SG
« Cette/la maison. »

---

[20] Comme on le verra, le morphème *ya* est particulièrement polyfonctionnel. A part son emploi vocatif, *ya* est aussi employé comme conjonction consécutive (*cf.* 7.2.4.) et comme marqueur d'emphase (*cf.* 9.3.2., 9.3.3.).

(93) *bet* *to*
maison POSS.3SG
« Sa maison. »

(94) *bet* *kebír*
maison grand
« Une/la grande maison. »

(95) *bet* *kebír* *de*
maison grand PROX.SG
« Cette/la grande maison. »

(96) *bet* *kebír* *to* *de*
maison grand POSS.3SG PROX.SG
« Sa grande maison. »

Il faut noter que l'AJ marque une distinction syntaxique entre adjectifs attributifs restrictifs et non-restrictifs. Si les adjectifs attributifs non-restrictifs expriment simplement une propriété de la tête nominale qu'ils suivent (*cf.* ex. 94), les adjectifs attributifs restrictifs marquent une identification contrastive d'un référent nominal dont ils sont séparés par l'insertion des relateurs *al* (*cf.* 7.4.3.) et *abú* (*cf.* 7.4.4.)[21].

(97) *máta* *ákulu* *dókwa* *al* *áfin*
PROH.SG manger pâte REL pourri
« Ne mange pas la pâte (d'arachides) avariée. »

(98) *šílu* *móyo* *abú* *nedíf* *de*
emmener eau père propre PROX.SG
« Emmène cette eau propre. »

Les adjectifs prédicatifs se placent aussi à droite du nom. En l'absence d'une copule prédicationelle (*cf.* 6.1.), l'ordre des constituants est souvent le seul paramètre pour distinguer la fonction

---

[21] Selon Miller (2002a : 38) l'emploi des relateurs *al* et *abú* pour marquer les adjectifs attributifs restrictifs doit être analysé comme un effet de l'influence du substrat bari qui utilise souvent les relateurs *lo-* (*cf.* 3.1.5.) et *na-* pour former des formes adjectivales. Cependant, la même stratégie morphosyntaxique de restriction adjectivale est attestée dans certains dialectes soudanais (Manfredi 2010 : 126). Compte tenu de ces facteurs, il semble probable que l'emploi des relateurs pour marquer des adjectifs restrictifs soit un phénomène aréal au sein de la région tchado-soudanaise.

syntaxique des adjectifs, les prédicatifs se plaçant après les modificateurs attributifs comme c'est le cas pour *šen* en (100).

(99) *zol šen de*
homme laid PROX.SG
« Cet/l'homme laid. »

(100) *zol de šen*
homme PROX laid
« Cet homme est laid. »

Les adjectifs prédicatifs peuvent être séparés de la tête nominale par l'insertion de la marque de focus informationnel *yáwu* (*cf.* 9.3.2.).

(101) *biníya de yáwu séme*
fille PROX.SG INFO beau
« Cette fille est belle. »

(102) *kalám tómon yáwu batál*
discours POSS.3PL INFO mal
« Leur discours est mauvais. »

Excepté les déterminants possessifs qui s'accordent avec le possesseur (*cf.* 3.13.), les autres modificateurs nominaux s'accordent en nombre avec le nom dont ils dépendent comme c'est le cas pour l'adjectif *sukér* « petit » et le déterminant démonstratif *del* dans l'exemple suivant :

(103) *iyál suker-ín to del*
enfants petit-PL2 POSS.3SG PROX.PL
« Ses petits enfants. »

Les noms collectifs régissent aussi un accord au pluriel comme c'est le cas pour *nas* « gens » en (104).

(104) *nas majanín del*
gens fou.PL PROX.PL
« Ces/les gens fous. »

Lorsque deux adjectifs qualificatifs modifient le même nom, ils peuvent être juxtaposés (105) ou coordonnés au moyen de la conjonction *wa* « et » (106).

(105) *fi=bilád táni beíd*
dans=pays deuxième loin
« Dans un autre pays lointain. »

(106) *nas kwes-ín wa muhtaram-ín*
gens bien-PL2 et respectueux-PL2
« Des gens bons et respectueux. »

À la différence des autres adjectifs, l'adjectif numéral cardinal (*cf.* 3.14.1.) précède systématiquement le nom qu'il modifie. Le nombre cardinal marquant le pluriel, le substantif reste au singulier.

(107) *ána bi=wedí le=íta ášara giné*
1SG IRR=donner à=2SG dix livre
« Je vais te donner dix livres. »

(108) *úo tímu kámsa séna fi=amríka*
3SG compléter cinq an dans=Amérique
« Il a passé cinq ans en Amérique. »

Cependant, certains noms communs peuvent aussi apparaître sous leur forme plurielle quand ils sont modifiés par un adjectif numéral, comme c'est le cas pour le pluriel supplétif *iyál* « enfants » en (109).

(109) *biníya de arusú bíga éndu taláta árba iyál*
fille PROX.SG marier\PASS devenir avoir trois quatre enfant.PL
« Cette fille a été mariée et elle a trois, quatre enfants. »

Dans les noms composés (*cf.* 3.2.), le pluriel n'est marqué que sur le premièr constituant de l'unité lexicale, comme c'est le cas pour *šeder-át* « arbres » dans l'exemple suivant :

(110) *mahál de fógo šeder-át bála ketír*
lieu PROX.SG y.ANAPH arbre-PL1 datte beaucoup
« Il y a beaucoup de palmiers-dattiers dans ce lieu. »

4. LE VERBE

Le chapitre suivant aborde la description de la morphologie verbale. Nous explorerons d'abord les sources morphologiques des verbes pour ensuite décrire les verbes simples et composés, avec une attention particulière pour le marquage de la transitivité. Enfin, nous décrirons les différentes stratégies morphophonologiques de dérivation verbale.

4.1. LES VERBES SIMPLES

Comme nous l'avons déjà remarqué (*cf.* 3.1.), l'AJ est caractérisé par une faible distinction verbo-nominale (Miller 1983). Aucune marque ni schème morphologique ne distingue les verbes des substantifs ou des adjectives. De plus, l'AJ se caractérise par l'absence totale d'indices verbaux de personne[22]. Le verbe se présente donc comme une forme invariable dont la personne porte sur le pronom personnel indépendant (*cf.* 3.9., 5.2.), comme on peut le voir dans l'exemple suivant :

(1) *ána rówa*
1SG aller
« Je suis allé. »

Les expressions de temps, aspect et mode reposent sur les deux clitiques préverbaux *gi=* (2, *cf.* 5.2.) et *bi=* (3, *cf.* 5.3.) ainsi que sur des auxiliaires morphologiquement indépendants tel que *kan* (4, *cf.* 5.4.1.).

[22] Il est important de remarquer que les locuteurs des varietés acrolectales d'AJ tendent à intégrer les affixes verbaux de l'arabe soudanais, avec ou sans accord. Il s'agit notamment des locuteurs sud-soudanais qui ont vécu une longue période au Soudan septentrional et/ou qui ont été scolarisés en arabe. Contrairement au processus de décréolisation envisagé par Versteegh en 1993, l'intégration des affixes de personne n'est pas géneralisée à toute la communauté linguistique et reste un phénomène assez stigmatisé sur le plan métalinguistique. Les effets de ce type d'intégration morphologique ne seront pas décrits dans les paragraphes suivants.

(2) *ána gi=rówa*
1SG NPONC=aller
« Je vais, je suis en train d'aller. »

(3) *íta bi=rówa*
2SG IRR=aller
« Tu iras. »

(4) *úo kan rówa*
3SG ANT aller
« Il était allé. »

Sur le plan morphologique, le verbe en AJ présente un degré élevé de variabilité. Cette hétérogénéité de formes s'explique par le fait que les verbes de l'AJ sont issus de différents schèmes morphologiques de l'arabe soudanais.

En premier lieu, une des caractéristiques communes à l'ensemble des pidgins et des créoles à base lexicale arabe est le grand nombre de verbes étymologiquement liés à des impératifs (Versteegh 2014)[23]. De ce fait, la majorité des verbes de l'AJ dérive de différents schèmes impératifs de l'arabe soudanais tels que les impératifs singuliers et pluriels des verbes trilitères, marqués par le préfixe vocalique *a-* (ex. **a-rfa'* « IMP-lever » > *árfa* « lever » ; **a-šrub-u* « IMP-boire-PL.M » > *ás(u)rubu* « boire »), les impératifs singuliers et pluriels des verbes dits « concaves »[24] (ex. **gūm* « se-lever.IMP » > *gum* « se lever » ; **šīl-u* « emmener.IMP-PL.M » > *šilu* « emmener »), les impératifs singuliers des verbes dits « sourds »[25] (ex. **'addi* « mordre.IMP » > *ádi* « mordre »), les impératifs singuliers des verbes « sourds » intégrant un pronom clitique de troisième personne du masculin singulier (ex. **warrí* « montrer.IMP\3SG.M » > *werí* « montrer », *cf.*

[23] Concernant l'AJ et le (ki-)nubi, Kaye et Tosco (2001 : 33) proposent l'explication socio-historique suivante : *The Sudanese soldiers who learned Arabic during the 19th century, must have frequently heard Arabic speaking officers barking commands at them in imperative plurals, and this would have provided the basis for the analogical development of álabu from Arabic a-l'ab-u* (*cf.* 1.1.).

[24] Il s'agit de verbes arabes dont la deuxième consonne radicale correspond à une semi-consonne *w* ou *y*.

[25] Il s'agit de verbes arabes dont la troisième consonne radicale est identique à la seconde.

4.1.5., 4.3.1.)[26] et les impératifs singuliers et pluriels de certaines formes verbales dérivées (ex. **gaffal-u* « fermer.IMP-PL.M » > *gófulu* « fermer »).

D'autre part, un nombre important de verbes est étymologiquement lié au paradigme suffixal de l'arabe soudanais. Dans la plupart des cas, il s'agit de verbes qui correspondent à la forme non-marquée de la troisième personne du masculin singulier des verbes trilitères (ex. **dafaʻ* « payer.3SG.M » > *dáfa* « payer » ; **wagaʻ* « tomber.3SG.M » > *wága* « tomber »), des verbes « faibles »[27] (ex. **ja* « venir.3SG.M » > *ja* « venir » ; **aba* « refuser.3SG.M » > *ába* « refuser » ; **bíga* « devenir.3SG.M » > *bíga* « devenir »), des verbes quadrilittères (ex. **jahjah* « tripoter.3SG.M » > *jáhjah* « tripoter »), ainsi que de certaines formes verbales dérivées (ex. **istaġrab* « s'étonner.3SG.M » > *istagárab* « s'étonner »). D'autres verbes sont issus de la troisième personne du masculin pluriel des verbes trilitères (ex. **ḥakam-u* « juger-3PL.M » > *hákamu* « juger ») et des verbes quadrilittères (ex. **laġbaṭ-u* « mélanger-3PL.M » > *lágbatu* « mélanger »). On retrouve aussi le verbe *ligó* « trouver », qui dérive de la troisième personne du masculin pluriel du verbe faible *liga* « trouver » intégrant un pronom clitique de troisième personne du masculin singulier (**lig-ō* « trouver-3PL.M\3SG.M »). Quant au verbe *nesítu* « oublier », il a été lexicalisé sur la base de la première personne du singulier du verbe faible *nisa* intégrant un pronom clitique de troisième personne du masculin singulier (**nasī-t=uh* « oublier-1SG=3SG.M »).

Une minorité de verbes est étymologiquement liée au paradigme préfixal de l'arabe soudanais. Il s'agit des verbes qui dérivent de la première personne du singulier des verbes trilitères (ex. **a-gder*

[26] A ce propos, il est important de remarquer que les dialectes arabes soudanais orientaux (Soudan nord-oriental) présentent la forme *=hu/=uh* pour le pronom clitique de troisième personne du masculin singulier, tandis que les dialectes arabes soudanais occidentaux (Soudan occidental, Tchad et Nigeria) sont caractérisés par la forme *=a*, qui est normalement assimilée en position postvocalique (ex. *lig-ō* trouver-3PL.M\3SG.M « ils l'ont trouvé », forme sous-jacente *lig-o=a* trouver-3PL.M=3SG.M, *cf.* Owens 1993). Comme on le verra plus loin (*cf.* 4.1.5.), l'AJ atteste de reliquats morphologiques des deux formes du pronom de troisième personne du masculin singulier.

[27] Il s'agit de verbes arabes dont la seconde consonne radicale correspond à une semi-consonne *w* ou *y*.

« 1SG-pouvoir » > *ágder* « pouvoir »), de la troisième personne du masculin singulier de certaines verbes dérivés (ex. **i-xtalif* « 3SG.M-diverger » > *iktélif* « diverger » ; **i-stemirr* « 3SG.M-continuer » > *istemír* « continuer ») et de la première personne du pluriel d'un verbe trilitère (**na-nzil* « 1PL-descendre » > *nénzil* « descendre »)[28].

D'autres sources morphologiques ayant joué un rôle dans la lexicalisation des verbes de l'AJ sont le participe actif des verbes trilitères et « faibles » (ex. **'ārif* savoir\PTCP.ACT.SG.M > *árif* « savoir »), le participe actif des verbes « faibles » intégrant un pronom clitique de troisième personne du masculin singulier (ex. **'āwiz=uh* vouloir\PTCP.ACT.SG.M=3SG.M > *ázu* « vouloir »), les noms (ex. **ṣēd* « chasse » > *sed* « chasser »), les adjectifs (ex. **'afin* « pourri » > *áfin* « puer ») et, dans le cas du verbe *éndu* « avoir » (*cf.* 6.3.1.), une préposition intégrant un pronom clitique de troisième personne du masculin singulier (**'and=uh* chez=3SG.M). Dans ce contexte général, les verbes issus des langues du substrat nilotique sont relativement rares (ex. bari **kúrùj* « cultiver » > *kúruju* « cultiver » ; Miller 1983, Nyombe 1985, Nakao 2012).

À la lumière de ces développements diachroniques, nous fournirons dans les paragraphes suivants une vue d'ensemble de la morphologie des verbes de l'AJ pour ensuite approfondir la question du marquage de la transitivité au moyen d'une voyelle finale *-u*.

4.1.1. Les verbes monosyllabiques

Les verbes monosyllabiques sont très rares et sont limitées aux schèmes syllabiques *Cv*, *Cv́v* et *CvC*.

- *Cv* *ja* « venir ».
- *Cv́v* *bíu* « acheter ».
- *CvC* *gum* « se lever », *kun* « être », *num* « dormir », *sed* « chasser ».

[28] Il faut noter que dans certains dialectes soudanais occidentaux, le préfixe *n-* marque la première personne sans distinction de nombre, le nombre étant marqué par le suffixe *-u* (Owens 1993 ; Manfredi 2012).

4.1.2. Les verbes disyllabiques

L'AJ présente un nombre très important de verbes disyllabiques. Le schème disyllabique le plus répandu est *Cv́Cv* qui, dans la plupart des cas, est étymologiquement lié à une troisième personne du masculin singulier du paradigme suffixal des verbes trilitères et faibles de l'arabe soudanais (ex. **fataḥ* « ouvrir.3SG.M » > *fáta* « ouvrir » ; **bada* « commencer.3SG.M » > *báda* « commencer »). Le schème *Cv́CvC*, de son côté, est dans la plupart des cas dérivé d'un participe actif (ex. **ḥāsil* « se_passer\ACT.PTCP.SG.M » > *hásil* « se passer ») ou d'un nom (ex. **ṣabur* « patience » > *sábur* « être patient »). Les verbes disyllabiques sont généralement accentués sur la première syllabe. Cependant, on retrouve les schèmes *vCCv́* et *CvCv́* avec accent sur la dernière syllabe, motivé par la présence d'une voyelle étymologique longue (ex. **intāh* « finir.3SG.M » > *intá* « finir » *cf.* 2.4.1.) ou bien par la lexification d'un pronom clitique de troisième personne du masculin singulier (ex. **xallī* « laisser.IMP.SG.M\3SG.M » > *kelí* « laisser », *cf.* 4.1.5.).

– *v́Cv* *ába* « refuser », *ádi* « mordre », *ázu* « vouloir », *áfu* « pardonner », *ídu* « compter ».

– *v́CvC* *áfin* « puer », *ákir* « terminer », *ámin* « croire, être à l'abri », *árif* « savoir », *átis* « éternuer ».

– *v́CCv* *árfa* « lever », *ásma* « écouter », *éndu* « avoir », *áwgu* « blesser », *áynu* « regarder ».

– *vCCv́* *intá* « terminer, finir ».

– *v́CCvC* *ágder* « pouvoir », *árkab* « monter (dans) », *óntuk* « prononcer ».

– *Cv́Cv* *dáfa* « payer », *gále* « dire », *gási* « raconter », *bíga* « devenir », *géni* « rester, habiter », *jére* « courir », *tíri* « bondir » *rówa* « aller », *góho* « tousser », *súgu* « conduire », *káfu* « craindre », *níku* « baisser », *géru* « changer ».

– *CvCv́* *kelí* « laisser », *werí* « montrer », *wedí* « donner », *nadí* « appeler, nommer », *ligó* « trouver ».

– *Cv́CvC* *fékir* « penser », *hárik* « partir », *gásid* « supposer », *dáman* « écoper », *gílib* « se retourner », *rúgus* « danser ».

– *Cv́CCv* *dówru* « marcher », *fówru* « bouillir », *kówfu* « effrayer », *láysu* « réaliser, comprendre », *téysu* « flirter », *méštu* « tresser ».

– *Cv́CCvC* *jáhjah* « tripoter », *náŋnaŋ* « papoter », *kóskos* « secouer », *kórmoš* « écraser », *nénzil* « descendre ».

4.1.3. Les verbes trisyllabiques

La plupart des verbes de l'AJ sont trisyllabiques. Les plus répandus sont *Cv́CvCv* et *v́CvCv* avec une voyelle *-u* en position finale. Même si *-u* peut trouver une explication diachronique dans la lexification du suffixe de la troisième personne du masculin pluriel de l'arabe soudanais (ex. **ḥarag-u* « brûler-3PL.M » > *háragu* « brûler »), en synchronie, on observe une spécialisation fonctionnelle de *-u* dans le marquage de la transitivité (*cf.* 4.1.5.). Le schème *Cv́CCvCv* est aussi assez commun, il est diachroniquement lié à des verbes onomatopéiques et, plus généralement, à des racines quadrilitères (ex. **furfur-u* « gratter-3PL.M » > *fúrfuru* « gratter, démanger »). La plupart des verbes trisyllabiques sont accentuées sur l'antépénultième. Néanmoins, on rélève quelques verbes trisyllabiques accentués sur la pénultième (ex. **ištaġal* « travailler.3SG.M » > *istákal* « travailler») ou bien sur la dernière syllabe (ex. **i-stafid* « 3SG.M-profiter » > *istefíd* « profiter ») conformément aux règles d'accentuation de l'arabe soudanais (*cf.* 2.4.1.).

– *v́CvCv* *ágara* « lire, étudier », *ázuma* « recevoir », *ábinu* « construire », *ágilu* « déplacer », *álabu* « jouer », *ákudu* « prendre », *ámulu* « faire ».

– *Cv́CvCv* *bériku* « bénir », *démiru* « détruire », *béredu* « se laver », *jénenu* « rendre fou » *gílidu* « fouetter », *sítimu* « insulter », *hákamu* « juger », *bátulu* « éteindre », *kátulu* « tuer », *fáhimu* « comprendre », *jáhizu* « préparer », *róbutu* « attacher ».

– *CvCv́Cv* *nesítu* « oublier ».

– *CvCCvCv* *dérdegu* « aplanir », *lágbatu* « mélanger », *tárbasu* « fermer à clé ».

– *vCCvCvC* *iktélif* « diverger », *imtéhin* « soutenir un examen ».

– *vCCvCvC* *istefíd* « profiter », *istemír* « continuer ».

4.1.4. Les verbes quadrisyllabiques

Les verbes quadrisyllabiques sont assez rares. Le schème *vCvCvCv* dérive toujours d'un impératif pluriel des verbes trilitères de l'arabe soudanais (ex. **a-msuk-u* « IMP-saisir-PL.M » > *amúsuku* « saisir »). Les autres verbes quadrisyllabiques sont étymologiquement liés à la conjugaison suffixale de certains verbes dérivés de l'arabe soudanais. Tous les verbes quadrisyllabiques sont accentués sur l'antépénultième.

– *vCvCvCv* *akúnusu* « brosser », *asúrubu* « boire ».

– *vCCvCvCv* *angúrusu* « gratter », *intézeru* « attendre ».

– *vCCvCvCvC* *istágarab* « s'étonner ».

4.1.5. Le marquage de la transitivité

Une des questions les plus débattues au sein des études sur les créoles arabes d'Afrique de l'Est concerne le grand nombre d'occurrences de la voyelle *-u* en finale des verbes. Certains spécialistes (Miller 1993 ; Owens 2001, 2014) expliquent sa présence en AJ et (ki-)nubi par le fait que la majorité des verbes est issue de formes verbales arabes intégrant le suffixe de troisième personne du masculin pluriel **-u*. D'autres spécialistes (Versteegh 1984 ; Tosco et Kaye 2001) mettent plutôt en avant la possible relation étymologique entre *-u* et le pronom clitique de troisième personne du masculin singulier **=hu/=uh*. Les deux interprétations diachroniques impliquent différentes explications synchroniques concernant la valeur grammaticale associée à la voyelle *-u*. D'un côté, Miller (1993) et Owens (2014) affirment que *-u* est en train de devenir une marque de statut catégoriel du verbe par opposition aux autres catégories grammaticales (principalement substantifs et adjectifs) qui n'ont pas cette terminaison (*cf.* 3.1.). D'un autre côté, Versteegh (1994) et Wellens (2005) considèrent *-u* comme une marque morphologique de transitivité. De notre côté, nous montrerons qu'en AJ, *-u* dérive le plus souvent d'un suffixe masculin pluriel **-u*. Toutefois, en synchronie, la voyelle finale *-u* peut être considérée comme une marque de transitivité.

Dans le cadre de notre analyse, on définit comme transitif un verbe qui implique toujours deux arguments (i.e. un sujet et un objet) et qui, en même temps, peut marquer une distinction entre sa forme active et sa forme passive au moyen d'une procédure morphologique spécifique. Un exemple de verbe transitif prototypique en AJ est *kásuru* « casser » (étymologiquement lié à **kassur-u* casser-3PL.M « ils ont cassé » en arabe soudanais) dont la forme active est associée à l'ordre de base SVO (*cf.* 6.3.1.).

(5) *jon kásuru bab*
John casser porte
« John a cassé la porte. »

Le verbe transitif *kásuru* a une forme passive marquée par le déplacement de l'accent de hauteur sur la dernière syllabe (*kasurú* « être cassé », *cf.* 2.4.2, 4.3.1.). Sur le plan syntaxique, la diathèse passive d'un verbe transitif implique que le patient soit promu en position de sujet et que l'agent soit rétrogradé en position oblique (*cf.* 6.3.2.) comme on peut le voir dans l'exemple suivant :

(6) *bab de kasurú (ma=jón)*
porte PROX.SG casser\PASS avec=John
« La porte a été cassée (par John) »

Par contre, on définit comme ambitransitif un verbe susceptible d'accepter deux arguments dont un seul est obligatoire. En AJ, l'argument obligatoire des verbes ambitransitifs est l'objet en position postverbale ; pour cette raison, les verbes ambitransitifs présentent une seule forme morphologiquement active. Un bon exemple de verbe ambitransitif en AJ est *ráda* « téter, allaiter » (étymologiquement lié à **raḍa'* téter.3SG.M « il a tété » en arabe soudanais). Comme les verbes transitifs, quand *ráda* est utilisé dans un contexte actif avec les sens de « téter » (7) ou d'« allaiter » (8), il accepte deux arguments avec l'ordre de base SVO.

(7) *jéna de gi=ráda úma to*
bébé PROX.SG NPONC=téter mère POSS.3SG
« Le bébé tète sa mère»

(8) *mára de gi=ráda jéna to*
femme DET.SG NPONC=téter bébé POSS.3SG
« Cette femme allaite son bébé »

Cependant, le verbe *ráda* ne présente pas une forme passive marquée par le déplacement de l'accent de hauteur sur la dernière syllabe (**radá* « être tété, être allaité »). De ce fait, les verbes ambitransitifs sont caractérisés par une diathèse moyen-passive dans laquelle le verbe se présente dans sa forme active, le patient reste toujours en position d'objet direct, tandis que l'agent est optionnellement exprimé en position d'argument oblique. Comme on peut le voir en (9), la diathèse moyenne-passive d'un verbe ambitransitif ne présente aucun sujet syntaxique (*cf.* 6.3.2.).

(9) *gi=ráda úo (ma=úma to)*
NPONC=téter 3SG (avec=mère POSS.3SG)
« Il est allaité (par sa mère) »

Enfin, on définit comme intransitif un verbe dont le seul argument obligatoire est le sujet en position préverbale. Un exemple de verbe intransitif en AJ est *gum* « se lever » (étymologiquement lié à l'impératif **gūm* se_lever.IMP « lève-toi » de l'arabe soudanais) qui n'accepte jamais d'objet direct, et qui ne peut pas dériver une forme passive.

(10) *úo gum guwám*
3SG se_lever vite
« Il s'est levé tout de suite »

Après avoir montré les propriétés morphosyntaxiques des verbes transitifs, ambitransitifs et intransitifs en AJ, nous allons explorer l'éventuelle relation entre l'occurrence de la voyelle finale *-u* et la transitivité d'un verbe. Sur un échantillon aléatoire de 252 verbes, 157 (62%) se terminent en *-u.* On peut donc commencer par affirmer qu'en AJ, même si la proportion des verbes se terminant en *-u* est très importante, elle n'est pas suffisante pour considérer *-u* comme une marque morphologique systématique du statut catégoriel du verbe. En termes diachroniques, il est également clair que dans la grande majorité des cas (145 verbes, 92%), la voyelle *-u* dérive d'un suffixe masculin pluriel. Dans les autres cas, *-u* peut aussi être mis en relation avec un pronom de troisième personne du masculin singulier (*cf.*

4.1.)[29]. Toutefois, l'héritage morphologique arabe ne peut pas expliquer la présence en synchronie de nombreuses paires de transitivité marquées par la présence de la finale *-u* (voir aussi Miller 1993).

(11)	Intransitif		Transitif	
	dákal	« entrer »	*dákalu*	« insérer »
	féjir	« exploser »	*féjiru*	« faire exploser »
	gédim	« avancer »	*gédimu*	« présenter »
	gílib	« se retourner »	*gílibu*	« retourner»
	jáhiz	« être prêt »	*jáhizu*	« préparer »
	hámil	« être enceinte »	*hámilu*	« mettre enceinte »
	nénzil	« descendre »	*nénzilu*	« poser »
	wógif	« être debout »	*wógifu*	« arrêter »
	záhir	« apparaître »	*záhiru*	« diffuser»
	zékir	« se souvenir »	*zékiru*	« rappeler »

Une analyse plus pointue de la distribution de la voyelle finale *-u* en AJ montre qu'elle apparaît régulièrement en finale des verbes transitifs.

	-u	*-C, -v ≠ -u*	Total[30]
Transitif	147 (96%)	2 (2%)	149 (61%)
Intransitif	7 (4%)	56 (61%)	62 (25%)
Ambitransitif	0 (0%)	34 (37%)	34 (14%)
Total	154 (100%)	92 (100%)	246 (100%)

Tableau 15. Le marquage de la transitivité

[29] Il faut aussi remarquer qu'il existe de nombreux verbes se terminant en *-u* pour lesquels il est impossible de déterminer les formes étymologiques en arabe soudanais. Tel est le cas pour les verbes étymologiquement liés à des impératifs des verbes dits faibles, tels que *júru* « tirer », qui peuvent être mis en relation soit avec un impératif singulier suivi par un pronom clitique de troisième personne du masculin singulier *=hu/=uh* (**jūr=uh* tirer\=3SG.M « tire-le »), soit avec un impératif masculin pluriel marqué par le suffixe *-u* (**jūr=u* tirer\IMP-PL.M « tirez »). Ces verbes n'ont pas été inclus dans l'échantillon.

[30] Ce deuxième échantillon de 245 verbes n'inclut pas les verbes quasi-transitifs tels que *ázu* et *der* « vouloir » (*cf.* 5.1., note 36).

Comme on peut le voir dans le tableau précédent, la quasi-totalité des 154 verbes se terminant en *-u* est représentée par des verbes transitifs. Les sept verbes intransitifs en *-u* sont des verbes de mouvement (*dówru* « marcher », *húmu* « nager », *nútu* « sauter », *wósulu* « arriver ») ou de changement d'état (*mútu* « mourir », *itéfegu* « convenir », *átaku* « rire ») qui, à l'exception de *mútu* « mourir », dérivent d'une troisième personne du masculin pluriel du paradigme suffixal de l'arabe soudanais. De même, on peut noter que sur 149 verbes transitifs, seulement deux verbes ne se terminent pas en *-u*. Ce sont les verbes *ádi* « mordre » (passif *adí*) et *séli* « prier » (passif *selí*) qui sont dérivés d'impératifs singuliers de verbes sourds (*cf.* 4.1.). De plus, il est significatif qu'aucun verbe ambitransitif ne se termine en *-u*. En effet, la majorité des verbes ambitransitifs de l'AJ est étymologiquement dérivée d'une troisième personne du masculin singulier du paradigme suffixal de l'arabe soudanais (**ḍabaḥ* « égorger.3SG.M » > *dába* « égorger» ; **aba* « refuser.3SG.M » > *ába* « refuser »). Il y a pourtant un nombre important de verbes ambitransitifs dérivés de formes impératives de verbes trilitères au singulier (**a-rfa'* « IMP-soulever » > *árfa* « soulever »), ou de formes impératives intégrant un pronom clitique de troisième personne du masculin singulier (**warrī* « montrer.IMP.SG.M\3SG.M » > *werí* « montrer », *cf.* 4.1. note 26)[31].

À la lumière de ce qui précède, on peut conclure qu'en AJ, dans la plupart des cas, la voyelle *-u* dérive du suffixe masculin pluriel **-u*. Néanmoins, il est aussi vrai qu'en synchronie, *-u* joue un rôle fondamental dans le marquage de la transitivité. *-u* apparaît majoritairement dans des formes verbales transitives lexicalisées, cependant elle reste une marque assez productive comme le montre le cas des paires de transitivité en (11). De ce fait, il semble qu'il n'y a pas de relation directe entre la valeur grammaticale de *-u* en arabe soudanais et celui de *-u* en AJ. Au contraire, les différentes formes morphologiques arabes (verbes marqués par *-u,* verbes non-marqués par *-u*) ont déterminé, en synchronie, une distinction morpho-syntaxique entre les verbes transitifs qui peuvent dériver un passif

---

[31] A ce propos, il est intéressant de noter que l'on retrouve de nombreux verbes ambitransitifs d'origine non-arabe dans le parler argotique des jeunes locuteurs urbains de Juba (ex. *ɲáma* « mater quelqu'un »).

prototypique et les verbes ambitransitifs et intransitifs qui ne présentent pas de diathèse passive (*cf.* 4.3.1., 6.3.2.)[32].

4.2. LES VERBES COMPOSÉS

Comme pour les noms (*cf.* 3.2.), la forte productivité de la composition verbale permet de suppléer l'apport lexical réduit dû au processus de pidginisation de l'arabe soudanais. La composition verbale implique l'incorporation d'un autre élément à un constituant verbal pour former une seule unité sémantique équivalente à celle d'un verbe simple. La composition verbale se formalise par la simple juxtaposition d'un verbe et d'un constituant non verbal. Dans la plupart des cas, l'élément non verbal est représenté par un substantif[33].

(12)	*ába* « refuser »	+	*mára* « femme »	=	« divorcer »
	ákudu « prendre »	+	*ráha* « repos »	=	« se reposer »
	ákulu « manger »	+	*ras* « tête »	=	« tricher »
	dúgu « frapper »	+	*éna* « œil »	=	« clignoter »
	dúgu « frapper »	+	*telefón* « téléphone »	=	« téléphoner »
	dúsu « pousser »	+	*fármala* « frein »	=	« freiner »
	gáta « couper »	+	*móyo* « eau »	=	« puiser »
	kelí « laisser »	+	*bála* « attention »	=	« faire attention »
	séregu « voler »	+	*sámaga* « poisson »	=	« pêcher »
	šílu « emmener »	+	*súra* « image »	=	« photographier »

[32] Owens (2014), de son côté, considère la voyelle *-u* en (ki-)nubi comme une marque du statut catégoriel verbal et affirme : [...] *transitivity is not an overall applicative variable, and so by inference the statistics do not support the strong claim that the final -u derives from the 3MSG object suffix.* Au-delà de possibles différences d'analyse, cette discordance d'interprétation avec notre analyse de *-u* en AJ semble avoir une explication diachronique : le (ki-)nubi, dans son processus de stabilisation, a généralisé la dérivation du passif par déplacement accentuel aux verbes non terminés en *-u* (comme par exemple *ráda* « téter », *cf.* 4.1.5. ex. 9) et, par conséquent, Owens ne relève aucune distinction entre verbes transitifs et verbes ambitransitifs.

[33] Certains de ces verbes composés peuvent aussi dériver directement de l'arabe soudanais comme c'est le cas pour *ákudu ráha* « se reposer » qui dérive du syntagme impératif **a-xud-u rāḥa* IMP-prendre-3PL.M repos « prenez du repos ».

Dans d'autres cas, le deuxième terme est représenté par un adverbe de lieu (*cf.* 8.1.1.) révélant la direction de l'action décrite par rapport à son point de repère.

(13) *bíu* « acheter » + *bára* « dehors » = « vendre »
dúgu « frapper » + *bára* « dehors » = « éliminer »
šílu « emmener » + *bára* « dehors » = « enlever »
géni « rester » + *téhet* « dessous » = « s'asseoir »
kúbu « verser » + *téhet* « dessous » = « renverser »
númu « dormir » + *téhet* « dessous » = « s'allonger »
tir « bondir » + *fog* « dessus » = « s'envoler »
tála « sortir » + *fog* « dessus » = « monter »

Il est important de souligner que les locuteurs des variétés acrolectales d'AJ ont tendance à remplacer les formes verbales composées par des verbes empruntés à l'arabe soudanais comme c'est le cas pour *bíu bára* « acheter » qui est seuvent remplacé par le verbe simple *ištéri* « acheter ».

4.3. La dérivation verbale

L'AJ se différencie de sa langue lexificatrice pour ce qui est de la productivité des procédures de dérivation verbale. En effet, les verbes dérivés de formes verbales de l'arabe soudanais (*cf.* 4.1.) sont des formes verbales lexicalisées et, donc, improductives. Cependant, l'expansion grammaticale de l'AJ a amené au développement de nouvelles procédures morphophonologiques de dérivation verbale.

4.3.1. Le passif

Les verbes transitifs de l'AJ peuvent dériver une forme passive au moyen du déplacement de l'accent de hauteur de l'antépénultième à la dernière syllabe d'un verbe (*cf.* 2.4.1., 4.1.5). Cette procédure de dérivation du passif est productive pour les verbes transitifs disyllabiques, trisyllabiques et quadrisyllabiques.

(14)

Actif		Passif	
jíbu	« amener »	*jibú*	« être amené »
gídu	« percer »	*gidú*	« être percé »
sítimu	« vexer »	*sitimú*	« être vexé »
tárbasu	« fermer »	*tarbasú*	« être fermé »
amúsuku	« saisir »	*amusukú*	« être saisi »

Selon Owens (2001 : 365), le déplacement de l'accent de hauteur pour dériver un passif dans les créoles arabes d'Afrique de l'Est serait lié à la grammaticalisation des constructions passives impersonnelles de l'arabe soudanais, basées sur l'emploi du suffixe de troisième personne du masculin pluriel suivi par un pronom clitique de troisième personne du singulier (ex. **akul-ū* manger-3PL.M\3SG.M « ils l'ont mangé », « il a été mangé » > *akulú* « être mangé »). Même s'il est possible que le changement phonologique impliqué par ce type de constructions puisse avoir favorisé la grammaticalisation du passif en AJ[34], nous préférons considérer le déplacement de l'accent comme un développement innovant, lié à l'agglutination d'un pronom anaphorique après un verbe transitif terminé par *-u* dans des phrases topicalisées telles que **zol de kátulu úo* « cet homme, il a été tué » > *zol de katulú* « cet homme a été tué ». Ce développement diachronique expliquerait aussi le déplacement du patient en position de sujet caractéristique de la diathèse passive des verbes transitifs (*cf.* 4.1.5., 6.3.2.).

4.3.2. L'infinitif

La deuxième procédure de dérivation verbale de l'AJ consiste à déplacer l'accent de hauteur de l'antépénultième à la pénultième syllabe d'un verbe, elle permet de dériver un infinitif. Le déplacement de l'accent de hauteur sur la pénultième est relativement rare et limité à certaines verbes trisyllabiques se terminant en *-u* (ex. *wózunu* « peser » > *wozúnu* « action de peser », Miller 1993). Sur le plan syntaxique, la forme

---

34 A cet égard, il faudrait aussi considérer la possible influence du bari qui dérive une forme passive au moyen de suffixes vocaliques (ex. *ki̱n* « fermer », *ki̱n-u* « être fermé » (Spagnolo 1933 : 107, *cf.* 6.3.2.).

infinitive d'un verbe peut se substituer à un nom dans des phrases nominales (15-16) ainsi que dans des phrases verbales (17).

(15) *kasúlu* *ta* *gumas-át*
nettoyer\INF POSS vêtement-PL1
« Le nettoyage des vêtements. »

(16) *tin* *ta* *kurúju* ↑ *wéle* *tin* *ta* *šenú* ↓
boue POSS cultiver\INF ou boue POSS quoi
« Le terrain pour l'agriculture, ou bien un autre terrain ? »

(17) *úo* *lísa* *ma* *kálasu* *rakábu* *ta* *ákil*
3SG encore NEG terminer cuisiner\INF POSS nourriture
« Il n'a pas encore terminé la préparation de la nourriture. »

Il est important de remarquer que le déplacement de l'accent de hauteur pour dériver un infinitif est une caractéristique innovante des créoles arabes d'Afrique de l'Est. Elle ne trouve pas d'explication diachronique ni dans l'héritage morphologique de l'arabe soudanais, ni dans l'influence du substrat. Néanmoins, on réleve aussi un nombre limité de noms verbaux d'origine arabe qui peuvent jouer les mêmes rôles syntaxiques que les formes infinitives (ex. *kasíl* « lessive » *vs* *kásulu* « nettoyer », *kasúlu* « l'action de nettoyer » ; *katíl* « meurtre » *vs* *kátulu* « tuer », *katúlu* « l'action de tuer »).

4.3.3. La réduplication verbale

La réduplication verbale est une procédure de dérivation polyfonctionnelle[35]. D'un point de vue empirique, la réduplication verbale est beaucoup plus productive que la réduplication nominale (*cf.* 3.4.) mais moins productive que la réduplication adverbiale (*cf.* 8.1.5.). Sur le plan morphologique, la réduplication verbale est totale, par conséquent elle met en jeu la copie de la totalité d'un lexème verbal. Dans la plupart des cas, la réduplication d'un verbe insiste sur l'intensité de l'action décrite comme c'est le cas pour *láma~láma* « briller énormément » dans l'exemple suivant :

[35] Miller (2003) met en relief le statut variable de la réduplication verbale en AJ, celle-ci fonctionnant plutôt comme registre expressif-discursif chez les locuteurs non-natifs en zone rurale et ayant un statut plus grammaticalisé chez les locuteurs urbains.

(18) *bulát* *de* *gi=láma~láma* *kúlu*
sol_carrelé PROX.SG NPONC=briller~briller tout
« Ce sol carrelé brille énormément. »

Cette procédure peut aussi être associée à d'autres valeurs sémantiques. Si la réduplication apparaît en combinaison avec la marque non-ponctuelle *gi=* (*cf.* 5.2.), elle insiste sur la durée indéterminée de l'action décrite par le verbe, comme l'illustre l'exemple (19).

(19) *iyál* *héna* *gi=géni~géni* *fi=bét*
enfant.PL ici NPONC=rester~rester dans=maison
« Ces enfants restent constamment à la maison. »

De même, la réduplication verbale peut insister sur la répétition d'une action et avoir une valeur itérative comme c'est le cas pour *fáta~fáta* « ouvrir continuellement » dans l'exemple suivant :

(20) *zuhúr* *al* *gi=fáta~fáta*
fleur.PL REL NPONC=ouvrir~ouvrir
« Les fleurs qui s'ouvrent continuellement. »

La réduplication peut aussi introduire une valeur aspectuelle distributive pour signaler qu'une action itérative touche les membres d'un groupe, l'un après l'autre.

(21) *lázim* *kedé* *rówa* *gi=légetu~légetu* *úmon*
devoir MOD aller NPONC=ramasser~ramasser 3PL
« Il faut aller les ramasser un par un. »

Enfin, il faut remarquer que les formes verbales passives peuvent être soumises à la réduplication. En ce cas, seul le deuxième verbe est marqué comme passif par déplacement de l'accent (*cf.* 4.3.1.), tandis que le premier verbe a un schéma accentuel actif avec élision de la voyelle finale (*cf.* 4.1.5.) comme c'est le cas pour *ájir~ajirú* (dérivé de *ajirú* « louer » dans l'exemple suivant :

(22) *fi* *anangaréb* *g=ájir~ajirú* *henák*
EXS lits_en_bois NPONC=louer~louer\PASS là-bas
« Il y a des lits en bois à louer là-bas. »

5. TEMPS, ASPECT, MODE

Dans le chapitre suivant, nous examinerons les expressions de temps, aspect et mode en décrivant les valeurs sémantiques des verbes non-marqués, des marqueurs préverbaux *bi=* et *gi=* ainsi que des nombreux auxiliaires aspecto-temporels et modaux de l'AJ.

5.1. GÉNÉRALITÉS SUR LE MARQUAGE TEMPS-ASPECT-MODE

Les expressions de temps, aspect et mode représentent un des domaines grammaticaux les plus étudiés de l'AJ. À la différence de sa langue lexificatrice, l'AJ se caractérise par l'absence de morphèmes flexionnels (*cf.* 4.1., 6.3.1.). Par conséquent, les principales valeurs aspecto-temporelles du verbe sont portées par les clitiques préverbaux *gi=* (*cf.* 5.2.) et *bi=* (*cf.* 5.3.) dont le sémantisme a donné lieu à des interprétations variées. Si Mahmoud (1979) propose un système aspecto-modal opposant la marque non-ponctuelle *gi=* à la marque irréelle *bi=,* Miller (1985) relève plutôt une opposition modale entre un inaccompli indicatif marqué par *gi=* et un inaccompli irréel marqué par *bi=*. Tosco (1995), de son côté, renvoie à l'opposition aspecto-modale de Mahmoud en insistant sur le chevauchement sémantique de *gi=* et *bi=* dans le domaine de l'habitualité. Comme on le verra, *gi=* peut être effectivement considérée comme une marque non-ponctuelle sur la base de ses valeurs aspecto-temporelles de progressif, présent général et habituel réel. D'un autre côté, *bi=* peut être mis en relation avec une valeur modale d'irréel étant exclusivement utilisée pour marquer les valeurs de futur, d'habituel irréel et de conditionnel. Cependant, le processus graduel de nativisation de l'AJ a induit une expansion sémantique de *gi=* qui peut être également utilisée pour marquer une valeur potentielle. À cet égard, il faut remarquer que, contrairement au (ki-)nubi (Luffin 2005 ; Wellens 2005), les marques préverbales *gi=* et *bi=* ne peuvent jamais se combiner en AJ. En revanche, *gi=* et *bi=* peuvent interagir avec des verbes auxiliaires.

Un autre élément à prendre en compte pour la description des expressions aspecto-temporelles est l'interaction entre la sémantique du verbe et le marquage du temps. En accord avec la majorité des langues créoles d'Afrique, l'AJ présente une répartition sémantique entre verbes statifs et verbes dynamiques. Les verbes statifs dénotent généralement une condition statique du sujet, tandis que les verbes dynamiques décrivent un changement d'état ou une activité effectuée par un agent. En AJ, le nombre des verbes statifs est relativement restreint. Ils incluent des verbes quasi-transitifs[36] dérivés d'un participe actif de l'arabe soudanais, comme *árif* « savoir », ainsi que des verbes transitifs dérivés d'un impératif, comme c'est le cas pour *áynu* « voir ». Les copules existentielles *fi* et *máfi* (*cf.* 6.1.1.) peuvent aussi être considérées comme des verbes statifs[37]. On relève comme principaux verbes statifs :

(1)	*árif*	« savoir »
	áynu	« voir »
	ázu	« vouloir »
	éndu	« avoir »
	der	« vouloir »
	fi	EXS
	gásid	« vouloir dire »
	jáhiz	« être prêt »
	máfi	NEG.EXS
	zékir	« se souvenir »

La répartition sémantique entre verbes statifs et verbes dynamiques implique différentes interprétations temporelles des formes verbales non-marquées. Un verbe non-marqué est interprété comme ayant une référence temporelle au présent s'il est sémantiquement statif comme

[36] Ces verbes sont ainsi dénommés parce qu'ils partagent avec les verbes transitifs le fait d'être susceptibles d'accepter deux arguments, mais ils s'en différencient par l'impossibilité de dériver une forme passive. En revanche, les verbes quasi-transitifs sont différents des verbes ambitransitifs puisqu'ils ne présentent pas de diathèse moyenne-passive (*cf.* 4.1.5., 6.3.2.).

[37] Il est intéressant de noter que certains verbes qui sont généralement considérés comme statifs dans d'autres langues, sont en revanche traités comme des verbes dynamiques en AJ ainsi *híbu* « aimer », *fékir* « penser » et *géni* « rester, habiter, être ».

c'est le cas pour *éndu* « avoir » et *aynu* « voir » dans les exemples suivants :

(2) *ána éndu arabíya*
1SG avoir voiture
« J'ai une voiture. »

(3) *íta áynu* ↑
2SG voir
« Tu vois ? »

Au contraire, si le verbe non-marqué est sémantiquement dynamique, il est interprété comme ayant une référence temporelle au passé, comme c'est le cas pour *ágara* « étudier » et *árkab* « monter » en (4-5).

(4) *úo ágara inglízi*
3SG étudier anglais
« Il a étudié l'anglais. »

(5) *ána árkab róza al sukér de*
1SG monter Rosa REL petit PROX.SG
« Je suis monté dans ce petit (minibus) Rosa. »

La distinction entre verbes statifs et verbes dynamiques exerce son influence sur tout le système de marquage de temps, aspect et mode de l'AJ. Les verbes statifs ne peuvent jamais être précédés de la marque non-ponctuelle *gi=*. De plus, certains verbes statifs quasi-transitifs comme *éndu* « avoir » et *der / ázu* « vouloir » ne peuvent se combiner avec la marque d'irréel *bi=* ; il en va de même pour les copules existentielles *fi* et *máfi*. En outre, l'interaction entre le sémantisme du verbe et le marquage du temps implique d'autres restrictions syntaxiques impliquant l'emploi des auxiliaires du passé *kan* (*cf.* 5.4.1.) et du futur *bikún* (*cf.* 5.4.2.).

Concernant les verbes auxiliaires, ils peuvent être identifiés sur la base de critères morphologiques, syntaxiques et sémantiques. En premier lieu, contrairement aux marques préverbales *gi=* et *bi=*, les verbes auxiliaires sont des lexèmes phonologiquement indépendants et sont donc toujours accentuées (*cf.* 2.4.1.). Sur le plan syntaxique, le verbe auxiliaire n'est pas en relation de coordination ni de subordination avec le verbe principal (*cf.* 7.). S'il a un argument direct ou indirect, celui-ci appartient toujours au verbe principal. Au niveau sémantique, seul le verbe principal est nécessaire pour décrire l'action, tandis que l'auxiliaire ajoute des valeurs aspecto-temporelles ou modales. Enfin, certains verbes auxiliaires peuvent aussi être employés comme des exposants modaux syntactiquement libres (*cf.* 5.5.). Quand les auxiliaires sont employés comme des exposants, ils sont détachés du verbe principal et ont une portée modale phrastique.

5.2. La marque non-ponctuelle *gi=*

L'étymologie la plus accréditée de la marque préverbale *gi=* est celle qui y voit une contraction de *gā'id,* participe actif du verbe *ga'ad* « être assis », utilisé comme auxiliaire du progressif dans les dialectes arabes soudanais (Mahmoud 1979 ; Miller 1993 ; Tosco 1995 ; Versteegh 2016). Selon une autre interprétation, *gi=* serait le résultat d'un processus de grammaticalisation à partir du verbe **géni* « rester, habiter » qui, de son côté, dérive de l'impératif singulier du verbe **gannab* « s'asseoir » de l'arabe soudanais (Kaye 1994). Cette dernière hypothèse semble être confirmée par le fait que certains locuteurs non-natifs d'AJ utilisent encore le verbe *géni* comme auxiliaire du progressif.

(6)	*zol*	*de*	*géni*	*ámulu*	*mópo~mópo*	*ketír*
	homme	PROX.SG	rester	faire	confusion	beaucoup

« Cet homme est en train de faire beaucoup de confusion. »

En termes morphophonologiques, *gi=* n'est jamais accentué et il a un allomorphe *g=* devant les verbes commençant par une voyelle ou une semi-consonne. Aucun élément ne peut s'insérer entre *gi=* et le verbe qui le suit. Sur le plan sémantique, la marque *gi=* exprime dans la plupart des cas, une valeur aspectuelle de progressif décrivant une action en cours de développement comme on peut le voir dans les exemples suivants :

(7)	*ána*	*gi=rówa*	*terkéka*
	1SG	NPONC=aller	Terkeka

« Je suis en train d'aller à Terkeka. »

(8)	*úmon*	*g=ámulu*	*šenú* ↓
	3PL	NPONC=faire	quoi

« Qu'est ce qu'ils sont en train de faire ? »

(9) *séke~séke gi=kúbu ya zol*
bruine NPONC=verser VOC homme
« La bruine est en train de tomber, mon ami. »

En deuxième lieu, *gi=* peut exprimer une valeur temporelle de présent générique décrivant une action universellement valable.

(10) *ma g=akulú*
NEG NPONC=manger\PASS
« (Il) ne se mange pas. »

(11) *zélet al gi=rówa le=wizára de*
route_asphaltée REL NPONC=aller à=ministère PROX.SG
« La route asphaltée qui mène au ministère. »

gi= peut aussi marquer un présent habituel décrivant une action ordinaire et récurrente. Cependant, comme l'a relevé Tosco (1995), *gi=* est spécialisé dans le marquage d'un habituel réel (12), tandis que *bi=* ne peut introduire un habituel que dans un contexte modal d'irréalité (*cf.* 5.3.).

(12) *madáris fi=bór sudán gi=fáta šáhar tísa*
école.PL dans=Port_Soudan NPONC=ouvrir mois neuf
« Les écoles de Port Soudan ouvrent (toujours) en septembre. »

Rappelons aussi que la réduplication d'un verbe marqué par *gi=* implique une insistance sur la durée indéterminée d'une action (*cf.* 4.3.3.).

(13) *bas-át al gi=dówru~dówru híni de*
bus-PL1 REL NPONC=marcher~marcher ici PROX.SG
« Les bus qui tournent continuellement ici. »

Bien que *gi=* puisse être considérée comme une marque non-ponctuelle limitée aux contextes modaux réels, elle est en train d'étendre son domaine sémantique et d'inclure des valeurs d'irréel, au détriment de *bi=* (Tosco et Manfredi 2014). En effet, les locuteurs monolingues d'AJ ont tendance à employer *gi=* pour marquer l'apodose d'un conditionnel potentiel (*cf.* 7.3.6.1.).

(14) *kan ána ja min=júba ána g=wónusu*
COND 1SG venir de=Juba 1SG NPONC=discuter

árabi júba de
arabe Juba PROX.SG
« Si je viens de Juba, je parle l'arabe de Juba. »

5.3. La marque irréelle *bi*=

Il ne fait aucun doute que l'étymon de la marque irréelle *bi=* soit le clitique préverbal *b(i)=* utilisé dans les dialectes arabes soudanais orientaux pour marquer une valeur d'inacompli, incluant les références aspecto-temporelles d'habituel, de présent générique et de futur (Mahmoud 1979 ; Miller 1985 ; Tosco 1995). Comme nous l'avons déjà remarqué (*cf.* 5.2.), en AJ, le présent générique et l'habituel sont exprimés au moyen de la marque non-ponctuelle *gi=*. Par conséquent, *bi=* a réduit son domaine sémantique aux contextes modaux d'irréel.

Comme *gi=,* la marque préverbale *bi=* n'est jamais accentuée et a un allomorphe *b=* devant les verbes commençant par une voyelle ou une semi-consonne. Dans la plupart des cas, *bi=* exprime une valeur temporelle de futur décrivant un évènement qui ne s'est pas encore produit.

(15) *úmon bi=ríja búkra*
3PL IRR=rentrer demain
« Ils rentreront demain. »

(16) *aléla mátar bi=nénzil*
aujourd'hui pluie IRR=descendre
« Il pleuvra aujourd'hui. »

En outre, *bi=* est régulièrement employé pour marquer le verbe de l'apodose des phrases conditionnelles (17-18). Cependant, on note une régression graduelle de *bi=* en faveur de *gi=* dans le domaine de la potentialité (*cf.* 5.2., ex. 14).

(17) *kan ána séregu hája ta zol*
COND 1SG voler chose POSS homme
ána bi=dáfa hája de árba mar-át
1SG IRR=payer chose PROX.SG quatre fois-PL1
« Si j'ai volé quelque chose à quelqu'un, je le payerai le quadruple. »

(18) *kan íta ma b=ístakal*
COND 2SG NEG IRR=travailler
máfi zol bi =wedí le=íta gurúš
NEG.EXS homme IRR=donner à=2SG argent
« Si tu ne travailles pas, personne ne te donnera d'argent. »

La marque *bi=* est toujours utilisée pour exprimer un aspect habituel dans un contexte modal d'irréel.

(19) *ma kwés íta bi=kárabu móya*
NEG bon 2SG IRR=gâcher eau
« Ce n'est pas bon de polluer l'eau. » (Tosco 1995 : 503)

(20) *de áhsan hája nína b=ámulu*
PROX.SG mieux chose 1PL IRR=faire
« Cela serait la meilleure chose à faire. »

Il faut également remarquer que *bi=* apparaît assez régulièrement après certains verbes auxiliaires, qu'il s'agisse d'auxiliaires aspecto-temporels, comme l'inchoatif *bíga* « devenir » (21, *cf.* 5.4.4.), ou d'auxiliaires modaux, comme *múmkin* « être possible » (22, *cf.* 5.5.3.).

(21) *rijál kúlu bíga bi=wónusu*
homme.PL tout devenir IRR=discuter
« Tous les hommes ont commencé à discuter. »

(22) *múmkin íta bi=rákabu ákil bilél*
peut_être 2SG IRR=cuisiner nourriture de_nuit
íta bi=kútu fi=talája
2SG IRR=mettre dans=frigidaire
« Tu pourrais cuisiner la nuit et après tu mettrais la nourriture dans le frigidaire. »

Enfin, on peut noter que *bi=* peut aussi marquer un verbe d'une phrase subordonnée finale introduite par *ašán* « afin de » (*cf.* 7.3.2.)

(23) *ána ja ašán b=wónusu ma=íta*
1SG venir afin IRR=discuter avec=2SG
« Je suis venu afin de parler avec toi. »

5.4. AUXILIAIRES ASPECTO-TEMPORELS

5.4.1. L'auxiliaire d'antériorité *kan*

L'auxiliaire d'antériorité *kan* dérive de la troisième personne du masculin singulier du paradigme suffixal du verbe **kān* « être ». Si en arabe soudanais *kān* s'accorde en genre et nombre avec le verbe principal[38], en AJ, *kan* est une forme invariable qui peut être utilisée soit comme copule prédicative du passé, soit comme auxiliaire verbal d'antériorité. Dans une phrase nominale, *kan* sépare la tête du syntagme nominal de son prédicat (*cf.* 6.1.2.).

(24) *úo kan ustáz fi=kartúm*
3SG ANT professeur dans=Khartoum
« Il était professeur à Khartoum. »

kan peut aussi se combiner avec la copule *fi* (*cf.* 6.1.1.) pour donner une référence temporelle passée à une phrase existentielle. Dans ce cas, l'auxiliaire *kan* peut suivre (25) ou précéder (26) la copule *fi*.

(25) *fi kan nas fi=gába*
EXS ANT gens dans=forêt
« Il y avait des gens dans la forêt. »

(26) *kan fi zol táni éndu biníya*
ANT EXS homme deuxième avoir fille
« Il y avait un certain homme qui avait une fille. »

Conformément à la répartition sémantique entre verbes statifs et verbes dynamiques (*cf.* 5.1.), si *kan* précède un verbe statif non-marqué (27-28), il ajoute une référence temporelle d'imparfait.

(27) *ána kan éndu bet henák*
3SG ANT avoir maison là-bas
« J'avais une maison là-bas. »

(28) *úo kan ázu merísa*
3SG ANT vouloir bière
« Il voulait de la bière. »

---

[38] A cet égard, il est intéressant de noter que certains dialectes soudanais occidentaux ont aussi grammaticalisé la troisième personne du masculin singulier de l'acompli du verbe *kān* comme marque invariable d'antériorité (Manfredi 2010 : 159).

Si *kan* précède un verbe dynamique non marqué (29-30), il exprime une référence temporelle de plus-que-parfait.

(29) *úmon kan ámulu kúbri de le=jéš tómon*
3PL ANT faire pont PROX.SG à= armée POSS.3PL
« Ils avaient construit le pont pour leur armée. »

(30) *maser-ín kan rówa zamán henák*
Egyptien-PL2 ANT aller autrefois là-bas
« Il y a longtemps, les Egyptiens étaient allés là-bas. »

De plus, *kan* peut se combiner avec un verbe dynamique marqué par *gi=* (31-33) pour rendre une valeur aspecto-temporelle d'imparfait.

(31) *ána kan gi=rówa fi=súk zátu*
1SG ANT NPONC=aller dans=marché CONTR
« J'allais au marché (pas ailleurs). »

(32) *sára kan gi=fétisu íta*
Sara ANT NPONC=chercher 2SG
« Sara te cherchait. »

(33) *árabi júba kan gi=wonusú be=teríga wáhid*
arabe Juba ANT NPONC=discuter\PASS par=façon un
« L'arabe de Juba était parlé d'une seule façon. »

En règle générale *kan* précède directement le verbe auxilié. Cependant il peut aussi apparaître comme premier constituant de la phrase et être séparé du verbe auxilié par un sujet lexicalement exprimé. Dans ce cas, la portée sémantique de *kan* est phrastique car non limitée au verbe auxilié comme on peut le voir dans l'exemple suivant :

(34) *kan úo wósulu fi=máser henák*
ANT 3SG arriver dans=Egypte là-bas
« Il était arrivé là-bas en Egypte. »

La construction avec auxiliaire peut aussi être scindée par l'insertion d'un adverbe de temps qui insiste sur l'antériorité de l'action décrite comme c'est le cas pour *zamán* « autrefois, il y a longtemps » en (35).

(35) *ingliz-ín kan zamán gi=déribu*
anglais-PL2 ANT autrefois NPONC=entraîner
asákir tómon fi=máhal de
soldat.PL POSS.3PL dans=lieu PROX.SG
« Il y a longtemps, les Anglais entraînaient leurs soldats à cet endroit. »

L'auxiliaire d'antériorité *kan* marque toujours la protase d'une conditionnelle contrefactuelle (*cf.* 7.3.6.2.). Il peut aussi précéder un verbe marqué par *bi=* dans l'apodose d'une proposition conditionnelle pour exprimer une valeur d'irréel passé (36). Il peut alors être séparé du verbe de l'apodose par l'insertion d'un sujet pronominal.

(36) *kan kan úo ma tála bára kan úmon*
COND ANT 3SG NEG sortir dehors ANT 3PL
ma bi=ligó úo
NEG IRR=trouver 3SG
« S'il n'était pas sorti, ils ne l'auraient jamais trouvé. »

5.4.2. L'auxiliaire du futur *bikún*

L'auxiliaire *bikún* est le résultat de la grammaticalisation de *bi=kún* composé par la marque irréelle *bi=* et le verbe *kun* « être ». Dans la plupart des cas, *bikún* est employé pour marquer le futur des verbes statifs qui ne peuvent pas se combiner avec la marque préverbale *bi=* (37-38, *cf.* 5.3.).

(37) *sanalíjai ána bikún éndu gurúš de*
année_prochaine 1SG FUT avoir argent PROX.SG
« L'année prochaine j'aurai cet argent. »

(38) *šókol de bikún jáhiz bédri*
truc PROX.SG FUT être_prêt tôt
« Ce truc sera bientôt prêt. »

D'autre part, si *bikún* précède un verbe dynamique non-marqué, il exprime une référence temporelle de futur antérieur.

(39) *besít bes ákil bikún intá kúlu*
simple seulement nourriture FUT finir tout
« Sous peu, toute la nourriture sera fini. »

(40) *úo bikún ríja búkra*
3SG FUT rentrer demain
« Il sera rentré demain. »

Comme on le verra plus loin (*cf.* 5.5.5.), *bikún* employé comme exposant modal exprime une nécessité épistémique. Il peut alors être séparé du verbe par un sujet pronominal.

(41) *bikún úmon g=istákal*
FUT 3PL NPONC=travailler
« Peut-être qu'ils seront en train de travailler. »

5.4.3. L'auxiliaire du futur proche *gi=rówa*

Le verbe *rówa* est normalement employé avec le sens lexical de « aller », cependant, il peut aussi être utilisé comme verbe auxiliaire pour marquer une valeur temporelle de futur proche (42-44). Dans ce dernier cas, l'auxiliaire *rówa* est systématiquement précédé par la marque non-ponctuelle *gi=,* le verbe auxilié n'étant jamais marqué.

(42) *íta gi=rówa kélim le=úo šenú* ↓
2SG NPONC=aller dire à=3SG quoi
« Qu'est-ce que tu vas lui dire ? »

(43) *úmon gi=rówa ámulu maáskar henák*
3PL NPONC=aller faire campement là-bas
« Il vont faire un campement là-bas. »

(44) *íta gi=rówa wósulu fi=bét bédri*
2SG NPONC=aller arriver dans=maison tôt
« Tu vas arriver tôt à la maison. »

5.4.4. L'auxiliaire d'inchoativité *bíga*

Le verbe lexical *bíga* « devenir » peut être employé comme auxiliaire pour introduire une valeur aspectuelle d'inchoativité qui décrit un changement d'état. Employé comme auxiliaire, *bíga* n'est jamais marqué, tandis que le verbe auxilié est normalement précédé par la marque irréelle *bi=* (*cf.* 5.3.)

(45) *úo bíga b=árif nas del*
3SG devenir IRR=connaître gens PROX.PL
« Il a commencé à connaître ces gens. »

L'auxiliaire *bíga* peut parfois être placé en fin d'énoncéet, dans ce cas, fonctionne comme un exposant dont la valeur modale porte sur toute la phrase.

(46) *lakín bi=katifú fi=sobúra be=árabi ta híni*
mais IRR=écrire\PASS dans=tableau par=arabe POSS ici
de bíga
PROX.SG devenir
« Mais on a commencé à (l')écrire sur le tableau en arabe d'ici. »
(lit. « Mais (il) a commencé à être écrit sur le tableau en arabe d'ici. »)

5.4.5. L'auxiliaire d'inceptivité *báda*

Le verbe lexical *báda* « commencer » peut être employé comme auxiliaire pour introduire une valeur aspectuelle d'inceptivité. À la différence de *bíga* « devenir », *báda* décrit le début d'une action et ses verbes auxiliés sont toujours dynamiques (47-48). De plus, ni *báda* ni le verbe auxilié ne sont marqués.

(47) *ána báda dúgu le=úo telefón*
2SG commencer frapper à=3SG téléphone
« Je me suis mis à l'appeler par téléphone. »

(48) *ána báda rówa ágara kombóni*
1SG commencer aller étudier Comboni
« Je me suis mis à étudier à (l'école) Comboni. »

5.4.6. L'auxiliaire d'ingressivité *gum*

Comme en arabe soudanais, en AJ, le verbe de mouvement *gum* « se lever » peut être employé comme auxiliaire d'ingressivité pour signaler l'entrée soudaine dans une action (49-50). Dans ce cas, ni l'auxiliaire ni l'auxilié ne sont marqués par les clitiques préverbaux *gi=* et *bi=*.

(49) *ána wósulu ána gum dákal júwa*
1SG arriver 1SG se_lever entrer dedans
« Je suis arrivé et puis je suis entré dedans. »

(50) *úmon gum kélim ya áki*
3PL se_lever parler VOC mon_frère
« Ils se sont alors mis à parler : « mon frère ». »

5.4.7. L'auxiliaire de résultativité *ja*

Le verbe de mouvement *ja* « venir » est souvent utilisé comme verbe auxiliaire pour introduire une valeur aspectuelle de résultativité en renvoyant au résultat d'une action. En général, ni *ja* ni son verbe auxilié ne sont marqués.

(51) *úmon dúgu ána úmon ja rówa bára*
3PL frapper 1SG 3PL venir aller dehors
« Ils m'ont frappé et ils sont partis. »

(52) *úo férisu ya arabíya táni ta dardága*
3SG étaler puis voiture deuxième POSS aplanissement
ja dérdegu
venir aplanir
« Il a répandu (le bitume), puis un compacteur est venu l'aplanir. »

Toutefois, une construction auxiliaire résultative peut correspondre à l'apodose d'une phrase conditionnelle potentielle (*cf.* 7.3.6.1.) Dans ce cas, l'auxiliaire *ja* peut être marqué par l'irréel *bi=*.

(53) *kan íta ásma kwes íta bi=já ligó*
COND 2SG écouter bien 2SG IRR=venir trouver
fi rendók táni dákal fi=árabi júba
EXS argot deuxième entrer dans=arabe Juba
« Si tu écoutes bien, tu verras qu'il y a un autre type d'argot en arabe de Juba. »

5.4.8. Autres particules aspecto-temporelles

Tout comme sa langue lexificatrice, l'AJ emploie souvent des adverbes de temps pour insister sur la valeur aspecto-temporelle d'un verbe. On relève, en particulier, l'emploi de l'adverbe *lísa* « encore » qui permet d'accentuer la valeur de progressif marquée par le non-ponctuel *gi=*. D'un point de vue syntaxique, *lísa* précède toujours le syntagme verbal qu'il modifie :

(54) *haj-át ta jalába ta zamán lísa*
chose-PL1 POSS Arabes POSS autrefois encore
gi=géni~géni fi=ras tómon
NPONC=rester~rester dans=tête POSS.3PL
« Les problèmes passés avec les Arabes les troublent encore. »

(55) *úmon lísa gi=káfu*
3PL encore NPONC=avoir_peur
« Ils ont encore peur. »

En contexte négatif, *lísa* précède normalement un verbe avec une référence temporelle de passé et il met en évidence l'état pas encore realisé de l'action décrite.

(56) *ána lísa ma ákulu hája*
1SG encore NEG manger chose
« Je n'ai pas encore mangé. »

L'AJ utilise aussi l'adverbe *kalás* « définitivement » pour emphatiser l'aspect accompli d'une action passée. *kalás* peut soit suivre (57), soit précéder le verbe qu'il modifie (58).

(57) *úo rówa kalás*
3SG aller définitivement
« Il est définitivement parti. »

(58) *al kan hásal zamán kalás intá*
REL ANT avoir_lieu autrefois définitivement finir
« Ce qui est arrivé il y a longtemps, c'est desormais fini. »

5.5. Les auxiliaires et les exposants modaux

5.5.1. L'auxiliaire de possibilité interne *ágder*

Le verbe lexical *ágder* « pouvoir » est réservé à l'expression d'une modalité dynamique interne. Il met en évidence la capacité, mentale ou physique, permettant au sujet/agent d'exécuter le procès exprimé par le verbe auxilié. *ágder* n'est jamais marqué par le non-ponctuel *gi=*. Mais, quand il est précédé par la marque irréelle *bi=,* il a une référence temporelle de présent. En ce qui concerne le verbe auxilié, il n'est jamais marqué, comme on peut le voir dans les exemples suivants :

(59) *íta b=ágder ákulu íta b=ágder númu*
2SG IRR=pouvoir manger 2SG IRR=pouvoir dormir
ašán íta bi=géni kwes
afin 2SG IRR=rester bien
« Tu peux manger, tu peux dormir pour que tu sois à l'aise. »

(60) *ána ma b=ágder ágara*
1SG NEG IRR=pouvoir étudier
« Je ne peux pas lire. »

Quand il n'est pas marqué par *bi=*, l'auxiliaire *ágder* permet de faire référence à une modalité dynamique interne au passé.

(61) *úo ma ágder ligó gurúš to*
2SG NEG pouvoir trouver argent POSS.3SG
« Il n'a pas pu trouver son argent. »

5.5.2. Les auxiliaires de nécessité interne *der* et *ázu*

En AJ, les verbes quasi-transitifs *ázu* et *der* « vouloir » (*cf.* 4.1.) sont employés avec une valeur modale de nécessité interne en signalant la volonté ou l'intention d'entreprendre l'action exprimée par le verbe auxilié. Les auxiliaires *ázu* et *der* ne sont jamais marqués et précèdent directement leur verbe auxilié, celui-ci n'est pas marqué par les clitiques préverbaux *gi=* et *bi=*.

(62) *ána der ágara jámbu to henák*
1SG vouloir étudier à_côté POSS.3SG là-bas
« Je veux étudier avec lui là-bas. »

(63) *úo ázu rówa ma=íta fi=bor sudán dak*
3SG vouloir aller avec=2SG dans=Port_Soudan DIST
« Il veut aller à Port Soudan avec toi. »

Par ailleurs, il faut remarquer que l'AJ a développé une construction subordonnée complétive volitive dans laquelle les verbes auxiliaires *ázu* et *dér* sont suivis par la marque modale *kedé*, quand le sujet de la phrase dépendante est diffèrent de celui de la phrase principale (*cf.* 5.6.2, 7.3.4.) comme c'est le cas pour *hukúma* « gouvernement » dans l'exemple suivant :

(64) *ána der kedé hukúma síbu kalám*
1SG vouloir MOD gouvernement quitter discours
ta gabelíya de
POSS tribalisme PROX.SG
« Je veux que le gouvernement abandonne ce discours du tribalisme. »

Les verbes auxiliaires *ázu* et *der* peuvent aussi exprimer une nécessité interne au participant. Dans ce cas, ils n'impliquent pas un verbe auxilié et ils sont normalement suivis par un syntagme nominal.

(65) *gísa de ázu wókit ketír*
histoire PROX.SG vouloir temps beaucoup
« Cette histoire nécessite beaucoup de temps. »

5.5.3. L'auxiliaire de possibilité externe *múmkin*

L'auxiliaire *múmkin* marque une possibilité externe et il a le sens de « être possible ». Sur le plan syntaxique, *múmkin* précède directement le verbe auxilié. Si la possibilité prédiquée par *múmkin* est réalisable, le verbe auxilié n'est pas marqué.

(66) *ítakum múmkin rówa númu fi=lúkanda henák*
2PL être_possible aller dormir dans=hôtel là-bas
« Vous pouvez aller dormir dans l'hôtel là-bas. »

En revanche, quand la possibilité prédiquée par *múmkin* est faible, le verbe auxiliaire est précédé par la marque d'irréel *bi=* (*cf.* 5.3.).

(67) *ayán de múmkin bi=jáyar le=zol*
malade PROX.SG être_possible IRR=contaminer à=homme
« Le malade peut contaminer quelqu'un d'autre. »

múmkin est aussi employé comme exposant modal de possibilité épistémique. Il peut alors être traduit par « peut-être, il se peut » et il est séparé du verbe principal par un sujet lexicalement exprimé.

(68) *múmkin úo bi=ákir*
peut_être 3SG IRR=être_en_retard
« Il se peut qu'il soit en retard. »

5.5.4. L'auxiliaire de nécessité externe *lázim*

La nécessité externe est typiquement encodée par l'auxiliaire modal *lázim* « devoir » qui précéde toujours un verbe non marqué.

(69) *íta lázim géni ma=akú táki*
2SG devoir rester avec=frère POSS.2SG
« Tu dois rester avec ton frère. »

(70) *ána lázim tála bédri sabá*
1SG devoir sortir tôt matin
« Je dois sortir tôt le matin. »

D'autre part, quand *lázim* exprime une obligation impersonnelle, il se combine avec la marque modale *kedé* (*cf.* 5.6.2., 7.3.2.). La séquence *lázim kedé* est elle aussi séparée du verbe principal par un sujet pronominal.

(71) *lázim kedé nína bíu bet de bára*
devoir MOD 1PL acheter maison PROX.SG dehors
« Il faut qu'on vende cette maison. »

5.5.5. L'emploi de *bikún* comme exposant de nécessité épistémique

L'auxiliaire du futur *bikún* (*cf.* 5.4.2.) peut être utilisé comme un exposant de nécessité épistémique, liée à une déduction logique. Quand il est utilisé avec cette valeur modale, *bikún* est toujours séparé du verbe par un sujet pronominal et il a une portée phrastique.

(72) *bikún úmon nángulu fi=mahál táni beíd*
FUT 3PL déménager dans=lieu deuxième loin
« Ils auront déménagé loin. »

(73) *kan úo máfi bikún úo ma ja*
COND 3SG NEG.EXS FUT 3SG NEG venir
« S'il n'est pas là, c'est qu'il ne sera pas arrivé. »

5.6. Les directifs

5.6.1. L'impératif

L'impératif est un mode verbale employé pour exprimer un ordre dont le destinataire est l'auditeur de l'énoncé. En AJ, l'impératif est exprimé au moyen d'une forme verbale non-marquée et démunie de son sujet pronominal. Cela vaut tant pour les verbes dynamiques (74) que pour les verbes statifs (75).

(74) *géni téhet*
rester dessous
« Assieds-toi par terre ! »

(75) *áynu henák*
regarder là-bas
« Regarde là-bas ! »

Il est important de remarquer que l'impératif et le prohibitif (*cf.* 5.6.4.) sont les seuls modes verbaux de l'AJ ayant grammaticalisé une opposition de nombre. Dans le cas de l'impératif, le singulier n'est pas marqué, tandis que le pluriel l'est au moyen du possessif de deuxième personne du pluriel *tákum* (*cf.* 3.13.) en position postverbale.

(76) *kélim tákum nedíf*
parler POSS.2PL propre
« Parlez correctement ! »

L'AJ peut aussi exprimer un impératif de politesse en préposant la marque modale *kedé* (*cf.* 5.5.4., 5.6.2., 7.3.2.) à un verbe non-marqué comme c'est le cas pour *jéribu* « essayer » dans l'exemple suivant :

(77) *kedé jéribu šókol de*
MOD essayer truc PROX.SG
« Goûte ce truc, s'il te plait. »

Enfin, on peut noter que l'AJ a hérité de l'impératif *taál* qui dérive de l'arabe soudanais **ta'āl* « venir.IMP ». Ceci est l'impératif supplétif au verbe *ja* « venir ».

(78) *taál le=ána*
venir.IMP à=1SG
« Viens chez moi ! »

Quand la marque modale *kédé* est couplée avec la forme supplétive *taál,* il est placé après le verbe.

(79) *taál kedé*
venir.IMP MOD
« Viens, s'il te plaît ! »

5.6.2. L'hortatif et l'optatif

Tout comme sa langue lexificatrice, l'AJ emploie la marque modale *kedé* (*cf.* 5.5.4., 5.6.1., 7.3.2.) pour introduire une valeur modale d'hortatif. À la différence de l'impératif, le destinataire d'un énoncé hortatif inclut simultanément le locuteur et l(es) auditeur(s). Par conséquent, le sujet d'un hortatif est exprimé au moyen d'un pronom personnel de première personne du pluriel placé entre *kedé* et le verbe non marqué :

(80) *kedé ínna séli*
MOD 1PL prier
« Prions ! »

kedé peut également introduire une valeur optative. Le destinataire de l'énoncé correspond alors au locuteur et il est encodé au moyen d'un pronom de première personne du singulier placé entre *kedé* et le verbe non marqué.

(81) *kedé ána límu haj-át del*
MOD 1SG ressembler chose-PL1 PROX.PL
« Que je rassemble ces trucs ! »

5.6.3. L'exhortatif

Le mode exhortatif exprime une exhortation pour qu'une action soit achevée. À la différence des modes hortatif et jussif, mais comme à l'impératif, le destinataire d'un exhortatif correspond toujours à l'auditeur de l'énoncé. En AJ, le mode exhortatif est limité aux verbes dynamiques et il est exprimé au moyen de la marque *ke* (glosé EXH) qui dérive d'une apocope de *kedé, cf.* 5.6.1, 5.6.2.). *ke* apparaît toujours après un verbe non-marqué :

(82) *jíbu ke*
amener EXH
« Amène(-le) ! »

(83) *rówa ke*
aller EXH
« Vas-y ! »

5.6.4. Le prohibitif

Le prohibitif est le mode verbal employé pour exprimer un ordre négatif dont le destinataire est toujours l'auditeur de l'énoncé. L'AJ a grammaticalisé deux marques morphologiques pour exprimer ce mode. Ce sont *máta* et *matákum* qui dérivent des syntagmes négatifs *ma* NEG (*cf.* 9.1.1.) + *íta* 2SG / *ma* NEG + *ítakum* 2PL et qui marquent respectivement le prohibitif singulier (84-85) et le prohibitif pluriel (86-87). Les deux marques prohibitives sont toujours préposées à un verbe non marqué, qu'il soit dynamique ou statique.

(84) *máta áynu úmon zey de*
PROH.SG regarder 3PL comme PROX.SG
« Ne les regarde pas comme ça ! »

(85) *máta ja táni*
PROH.SG venir deuxième
« Ne reviens plus jamais ! »

(86) *matákum rúwa beíd*
PROH.PL aller loin
« Ne vous éloignez pas ! »

(87) *matákum dákal júwa*
PROH.PL entrer dedans
« N'entrez pas dedans ! »

Les expressions de temps, aspect et mode de l'AJ peuvent être récapitulées ainsi :

	Verbes statifs	**Verbes dynamiques**
Présent général	*Ø / bi=*	*gi=*
Passé	*kan + Ø*	*Ø*
Progressif	*Ø*	*gi=*
Habituel réel	*Ø*	*gi=*
Imparfait	*kan + Ø*	*kan + gi=*
Passé antérieur	*kan + Ø*	
Potentiel	*Ø / bi=*	*gi= / bi=*
Contrefactuel	*kan + bi= / Ø*	*kan + bi=*
Futur	*bikún / bi= + Ø*	*bi=*
Futur proche	*gi=rówa + Ø*	
Inchoatif	*bíga + bi=*	
Inceptif	*báda + Ø*	
Ingressif	*gum + Ø*	
Résultatif	*ja + Ø*	
Possibilité interne	*ágder + Ø*	
Nécessité interne	*der / ázu (kedé) + Ø*	
Possibilité externe	*múmkin + bi= / Ø*	
Nécessité externe	*lázim (kedé) + Ø*	
Nécessité épistémique	*bikún + Ø*	
Impératif	*Ø (+ tákum)* (PL)	
Impératif de politesse	*kedé + Ø*	
Hortatif	*kedé* + 1PL + *Ø*	
Optatif	*kedé* + 1SG + *Ø*	
Exhortatif	--	*Ø + ke*
Prohibitif	*máta* (SG) / *mátakum* (PL) + *Ø*	

Tableau 16. Les expressions du temps, de l'aspect et du mode

6. SYNTAXE ET SÉMANTIQUE DES PRÉDICATS

Dans ce chapitre, nous analyserons la syntaxe et la sémantique des prédicats non-verbaux et verbaux de l'AJ. L'analyse est organisée en fonction de la valence des prédicats. Celle-ci est définie ici comme le nombre maximal d'actants qui peuvent être associés à un prédicat. Les actants, à leur tour, représentent la manifestation linguistique des participants d'une prédication. Ils se hiérarchisent sur la base de relations grammaticales telles que sujet et objet. En contexte verbal, chaque actant est aussi associé à un rôle sémantique tel qu'agent ou patient. Etant donné qu'il n'y a pas d'imbrication syntaxique entre les relations grammaticales et les rôles sémantiques, le rôle sémantique du patient peut être encodé tant comme l'objet d'un verbe transitif actif que comme le sujet d'un verbe transitif passif. Nous explorerons d'abord les prédicats non-verbaux dans les constructions existentielles et prédicationnelles. En deuxième lieu, nous analyserons les prédicats verbaux monovalents. L'analyse se concentrera ensuite sur les prédicats bivalents. En outre, nous décrirons la syntaxe des constructions ditransitives impliquant un verbe trivalent pour enfin donner une vue d'ensemble des constructions prépositionnelles de l'AJ.

6.1. LES PRÉDICATS NON-VERBAUX

6.1.1. Les constructions existentielles

La construction existentielle pose l'existence d'un participant ou sa présence dans un contexte déterminé. En AJ, le noyau de la construction existentielle est représenté par la copule invariable *fi* EXS qui dérive de l'arabe soudanais **fī* EXS. Le sujet d'une construction existentielle est obligatoirement exprimé par un nom ou ses substituts.

(1) *rábuna* *fi*
dieu EXS
« Dieu existe. »

Si la construction existentielle implique un argument circonstanciel tel qu'un locatif introduit par la préposition *fi*= « dans » (*cf.* 6.5.1.), celui-ci suit la copule *fi* comme on peut le voir en (2).

(2) *mamá fi fi=rukúba*
maman EXS dans=cuisine
« Maman est dans la cuisine. »

fi ne peut pas se combiner avec les marques préverbales *gi*= et *bi*= (*cf.* 5.1.). Il peut donc avoir une référence aspecto-temporelle d'imparfait s'il est précédé par *kan* (*cf.* 5.4.1.).

(3) *úo kan fi híni ma=ána*
3SG ANT EXS ici avec=1SG
« Il était ici avec moi. »

De même, *fi* peut avoir une référence temporelle de futur s'il se combine avec *bikún* (*cf.* 5.4.2.).

(4) *úmon bikún fi*
3PL FUT EXS
« Ils seront ici. »

Comme on peut le voir dans les exemples précédents, en contexte pragmatiquement neutre, le sujet d'une construction existentielle précède toujours la copule *fi*. Cependant, quand on introduit un nouveau participant dans le discours, le sujet est topicalisé et suit la copule *fi*. Dans ce contexte, le sujet est toujours indéfini comme c'est le cas pour *wáhid* « un (homme) » en (5) (Manfredi et Tosco 2014 : 328).

(5) *fi wáhid ísim to taabán*
EXS un prénom POSS.3SG Taban
« Il y a un (homme), il s'appelle Taban. » (lit. « Il y a un homme, son prénom est Taban. »)

Dans une énumération, chaque proposition existentielle peut être introduite par la copule *fi* sans que le sujet soit topicalisé.

(6) *fi bária fi lotúko fi ačóli fi gebil-át ketír*
EXS Bari EXS Lotuko EXS Acholi EXS tribu-PL1 beaucoup
« Il y a les Bari, il y a les Lotuko, il y a les Acholi, il y a plein de tribus. »

6.1.2. Les constructions prédicationnelles

Une construction prédicationnelle est apte à la description des propriétés de son sujet. L'AJ ne possède pas de copule prédisposée à l'expression d'une valeur prédicationnelle. Au présent, cette construction se caractérise par l'ordre syntaxique Sujet - Prédicat. La fonction syntaxique de sujet peut être remplie par un nom (7), un pronom personnel (8, *cf.* 3.9.) ou par un infinitif (9, *cf.* 4.3.2.). En général, le prédicat nominal s'accorde en nombre avec son sujet (*cf.* 3.16.).

(7) *kalám de gálat*
discours PROX.SG faute
« Ce discours est erroné. »

(8) *úmon batal-ín kalás*
3PL mal-PL2 définitivement
« Ils sont vraiment méchants. »

(9) *kurúju de tegíl šedíd*
cultiver\INF PROX.SG lourd très
« Cultiver est très fatigant. »

Les locuteurs natifs d'AJ ont tendance à employer la copule existentielle *fi* (*cf.* 6.1.1.) dans ce type de constructions pour indiquer une relation prédicationnelle entre un sujet animé et son prédicat, comme on peut le voir dans l'exemple suivant :

(10) *kef íta* ↓ *íta fi kwes* ↑
comment 2SG 2SG EXS bien
« Comment vas-tu ? Tu vas bien ? » (lit. « Comment tu es ? Tu es bien ? »)
ána fi batál waláhi
1SG EXS mal pour_de_vrai
« Je vais vraiment mal. » (lit. « Je suis vraiment mal. »)

Ce type de construction prédicationnelle résulte d'un développement sémantique plutôt récent qui n'apparait que chez une partie des locuteurs d'AJ. Néanmoins, dans une perspective de synchronie dynamique, elle témoigne de la graduelle extension des fonctions de *fi*, qui, tout en restant une copule existentielle, commence à fontionner comme une copule prédicationnelle.

En ce qui concerne le marquage du temps et de l'aspect, la construction prédicationnelle portant sur le passé est marquée par *kan* placé entre le sujet et son prédicat (11, *cf.* 5.4.1.), tandis que le futur est exprimé au moyen de *bikún* (12, *cf.* 5.4.2.).

(11) *abúna de kan ayán*
prêtre PROX.SG ANT malade
« Le curé était malade. »

(12) *béled de bikún áhsan min=zamán*
pays PROX.SG FUT mieux de=autrefois
« Ce pays sera mieux qu'avant. »

6.2. Les prédicats verbaux monovalents

6.2.1. La construction monovalente simple

Une construction verbale monovalente implique l'existence d'un sujet/agent enclenchant le procès décrit par le verbe. En AJ, l'actant unique d'une construction monovalente doit être exprimé nécessairement par un nom ou ses substituts et il est toujours préposé au verbe, dynamique ou statif. En contexte pragmatiquement neutre, les arguments circonstanciels introduits par des prépositions suivent toujours le prédicat verbal.

(13) *úo wága*
3SG tomber
« Il est tombé. »

(14) *úmon dówru úmon dówru náman úmon wósulu*
3PL marcher 3PL marcher jusqu'à 3PL arriver
« Ils ont marché, ils ont marché, jusqu'à ce qu'ils sont arrivé. »

(15) *ána tówil fi=júba híni*
1SG passer_longtemps dans=Juba ici
« J'ai passé beaucoup de temps à Juba. »

6.2.2. La construction monovalente intensive

En AJ, certains verbes monovalents peuvent être employés pour exprimer une relation prédicative. Ce sont, par exemple, les verbes *géni* « rester, habiter » et *tála* « sortir » qui peuvent être suivis par un adjectif en exprimant respectivement les sens d'« être » (16) et de « devenir » (17).

(16) *ána géni murtá*
1SG rester content
« Je suis content. » (lit. « Je reste content. »)

(17) *úo tála ayán*
3SG sortir malade
« Il est malade. » (lit. « Il est sorti malade. »)

Le sens prédicative ce type de construction peut être intensifié par le biais du lexème *hája* « chose » suivi par un déterminant possessif (*cf.* 3.13.) en position finale, comme on peut le voir dans les exemples suivants :

(18) *sudan-ín der géni maksut-ín hája tómon*
soudanais-PL2 vouloir rester heureux-PL2 chose POSS.3PL
« Les Soudanais veulent juste être heureux. »

(19) *hukúma tála majnún hája to*
gouvernement sortir fou chose POSS.3SG
« Le gouvernement est juste devenu fou. »

(20) *záman dak ána géni sákit hája tái*
temps DIST 1SG rester simplement chose POSS.1SG
« À cette époque, j'étais juste sans souci. »

Comme dans les constructions réfléchies (*cf.* 6.3.3.) et réciproques (*cf.* 6.3.4.), le déterminant possessif des constructions prédicatives intensives est coréférentiel avec le sujet avec lequel il s'accorde en personne et en nombre. Cependant, dans le cas des constructions prédicatives, la coréférentialité entre le possessif modifiant le nom *hája* et le sujet insiste sur l'état décrit par le verbe, plutôt que sur la relation entre les actants de la prédication.

6.3. Les prédicats verbaux bivalents

6.3.1. La construction bivalente active

Comme on l'a déjà montré (*cf.* 4.1.5.), l'AJ présente un système de marquage de la transitivité relativement stable qui oppose des verbes transitifs se terminant en *-u* à des verbes intransitifs et ambitransitifs dont la finale est une consonne ou une voyelle différente de *-u.* Si les verbes intransitifs impliquent un seul actant, les verbes transitifs sont susceptibles d'accepter deux actants dans une diathèse active : un sujet associé au rôle sémantique d'agent et un objet direct associé au rôle sémantique du patient.

En l'absence d'indices verbaux de personne (*cf.* 4.1), l'ordre des mots est le seul critère valable pour identifier les deux actants reliés par un prédicat verbal transitif. En effet, si l'on excepte les constructions impersonnelles (*cf.* 6.3.8), le sujet d'un verbe transitif doit être nécessairement exprimé par un nom ou ses substituts. Par conséquent, la diathèse active des verbes transitifs se caractérise par un ordre SVO très strict, comme on peut le voir dans les exemples suivants :

(21) *hási ána b=ákulu íta*
maintenant 1SG IRR=manger 2SG
« Maintenant, je vais te manger. » (le lion au lapin)

(22) *jon gi=dúgu bóya fi=bab ta bet*
John NPONC=frapper peinture dans=porte POSS maison
« John est en train de peindre la porte de la maison. » (lit. « John en train de frapper la peinture sur la porte de la maison. »)

(23) *úmon der bob bes*
3PL vouloir argent.ARG seulement
« Ils veulent seulement du fric. »

Il faut remarquer que la possession prédicative en AJ est aussi exprimée par le biais d'une construction bivalente impliquant le verbe quasi-transitif *éndu* « avoir » (*cf.* 5.1. note 32) qui nécessite toujours deux actants expicités.

(24) *ána éndu biníya*
1SG avoir fille
« J'ai une fiancée. »

Enfin, il faut aussi noter que les verbes de mouvement, tels que *rówa* « aller » ou *jére* « courir », régissent des arguments circonstanciels introduits par *fi=* « dans » (25, *cf.* 6.5.1.) et *le=* « à » (26, *cf.* 6.5.3). Cependant, le verbe est transitif direct quand le mouvement qu'il exprime se fait en direction d'un lieu nommé (27).

(25) *ána rówa fi=ámbara de*
1SG aller dans=dispensaire PROX.SG
« Je suis allé dans ce dispensaire. »

(26) *síka al gi=rówa le=tijá matár*
chemin REL NPONC=aller à=direction aéroport
« Le chemin qui mène à l'aéroport. »

(27) *sehí íta rówa esiópia* ↑
correct 2SG aller Ethiopie
« Tu es vraiment allé en Ethiopie ? »

6.3.2. Les constructions passives et moyennne-passives

L'AJ se caractérise par la présence d'une construction passive prototypique et innovante par rapport à sa langue lexificatrice (Manfredi et Petrollino 2013b : 61). Une construction passive prototypique est définie par trois critères morphosyntaxiques : 1) le patient (P) doit occuper la position du sujet d'une construction transitive, 2) le verbe passif doit être morpho-phonologiquement marquée par rapport à son équivalant actif et 3) l'agent (A) doit occuper la position d'un objet indirect introduit par une préposition (Haspelmath 1990 : 27).

Conformément à ces critères, l'exemple (28) montre bien qu'en AJ, le patient de la construction passive (*arabíya de* « (la) voiture ») est promu en position de sujet, il précède le verbe passif qui est marqué par le déplacement de l'accent de hauteur sur la dernière syllabe (*jíru* « tirer » *vs jirú* « être tiré », *cf.* 2.4.2., 4.3.1.). Par contre, l'agent (*teré~teré* « (un) tracteur ») est rétrogradé en position d'argument oblique et il est introduit par la préposition comitative *ma=* « avec » (*cf.* 6.5.4.)[39].

---

[39] Manfredi (sous presse) montre que la construction passive prototypique de l'AJ est un cas de relexification induit par l'influence du substrat bari. En effet, le bari présente le même type de construction passive : le patient en position de sujet et l'agent oblique introduit par la préposition *ko=* « avec » en position comme on peut le voir dans l'exemple suivant :

(28) *arabíya de gi=jurú ma=teré~teré*
voiture PROX.SG NPONC=tirer\PASS avec=tracteur
P V.PASS A
« La voiture est tirée par un tracteur. »

Les constructions passives prototypiques ont une occurrence plutôt rare dans notre corpus. Dans la plupart des cas, le patient d'une construction passive occupe la position du sujet, mais l'agent n'est quasiment jamais exprimé. Dans ce contexte, le patient est toujours déterminé par un déterminant démonstratif comme on peut le voir dans les exemples suivants :

(29) *kas de amulú fi =sudán zátu*
coupe PROX.SG faire\PASS dans=Soudan CONTR
P V.PASS
« La coupe (d'Afrique) a été organisée au Soudan. »

(30) *árabi de b=ágder bi=derisú fi=medrésa*
arabe PROX.SG IRR=pouvoir IRR=enseigner\PASS dans=école
P V.PASS
« L'arabe (de Juba) peut être enseigné à l'école. »

Par contre, si le patient d'un verbe transitif se terminant en *-u* est indéterminé, alors il se présente en position d'objet comme c'est le cas pour *ámbara* « indispensaire » dans l'exemple suivant :

(31) *amulú ámbara fi =mustéšfa de*
faire\PASS dispensaire dans=hôpital PROX.SG
V.PASS P
« Un dispensaire a été fait dans l'hôpital. »

En ce qui concerne les verbes ambitransitifs non terminés par *-u* (*cf.* 4.1.5. ex. 7-8), ils ne peuvent pas dériver un passif par le déplacement de l'accent de hauteur et présentent donc une construction moyenne-passive où le patient reste en position d'objet direct, alors que l'agent est rétrogradé en position oblique (32) ou omis (33).

---

niena wuret a-wur-ö ko=nan
PROX.SG bouquin 3SG-écrire-PASS avec=1SG
« Ce bouquin a été écrit par moi. » (Owen 1908 : 65)

(32) *rába* *úo* *ma =sister-át*
éduquer 3SG avec=sœur-PL1
V P A
« Il a été éduqué par des religieuses. »

(33) *gi=rága* *úo* *be=sémenti*
IRR=couvrir 3SG par=ciment
V P
« Il est recouvert avec du ciment »

Enfin, il existe aussi des constructions passives impersonnelles (*cf.* 6.3.8.) où ne sont exprimés ni l'agent ni le patient, tandis que le verbe est marqué par le déplacement de l'accent de hauteur sur la dernière syllabe.

(34) *sibú* *kéda* *le=kéda*
laisser\PASS comme_ça à=comme_ça
V.PASS
« On l'a laissé n'importe comment. »

6.3.3. La construction réfléchie

Dans une construction réfléchie, le patient, en position d'objet direct, est coréférentiel avec l'agent, en position de sujet. Il n'y a alors qu'un seul actant qui assume à la fois les rôles sémantiques d'agent et de patient. Comme dans sa langue lexificatrice, en AJ, le patient d'une construction réfléchie est encodé au moyen du syntagme nominal *néfsa* « âme » + POSS. Le déterminant possessif qui suit *néfsa* est coréférentiel du sujet avec lequel il s'accorde en personne et en nombre.

(35) *nuswán* *kúlu* *bíga* *bi=jáhizu* *néfsa* *tómon*
femme.PL tout devenir IRR=préparer âme POSS.3PL
« Toutes les femmes ont commencé à se préparer. »

(36) *tayára* *de* *gílib* *néfsa* *to*
avion PROX.SG tourner âme POSS.3SG
« L'avion a tourné sur lui-même. »

6.3.4. La construction réciproque

Une construction réciproque implique une relation entre deux ou plusieurs actants. Chaque actant de la prédication en est à la fois agent et patient. D'un point de vue typologique, il est important de remarquer qu'en AJ, la construction réciproque est formellement distincte de la construction réfléchie. Étant donné que la réciprocité est marquée par le morphème invariable *badúm*[40], toujours postposé au verbe.

Comme dans les constructions réfléchies, la coréférentialité entre les agents/patients d'une construction réciproque est assurée par un déterminant possessif qui s'accorde en personne et nombre avec le sujet et qui suit *badúm*. Dans une construction réciproque prototypique, les différents actants sont lexicalement exprimés et ils apparaissent en position de sujet.

(37)	*jenub-ín*	*wa*	*šamal-ín*	*gésimu*	*badúm*	*tómon*
	méridional-PL2	and	septentrional-PL2	couper	RECP	POSS.3PL

« Les Soudanais du sud et les Soudanais du nord se sont divisés. »

Cependant, dans la plupart des cas, les actants reliés par une construction réciproque sont repris par un seul sujet pluriel comme c'est le cas pour le pronom *nína* 1PL dans l'exemple suivant :

(38)	*nína*	*bi=fáhimu*	*badúm*	*tánna*	*kef*↓
	1PL	IRR=comprendre	RECP	POSS.1SG	comment

« Comment va-t-on se comprendre ? »

En outre, si le sujet de la construction réfléchie est un nom collectif tel que *nas* « gens », alors le déterminant possessif qui normalement suit *badúm* peut être omis.

(39)	*nas*	*bíga*	*túruju*	*badúm*
	gens	devenir	chasser	RECP

« Les gens se sont mis à se pousser. »

6.3.5. La construction factitive

Une construction factitive établit un lien causal entre deux prédicats verbaux. Contrairement à sa langue lexificatrice, l'AJ ne présente pas de formes verbales dérivées avec cette valeur. Par conséquent, le factitif est exprimé par le biais d'une proposition subordonée (*cf.* 7.3.) introduite par le verbe de manipulation *kelí* « laisser » comme on peut le voir en (40).

[40] La marque invariable *badúm* est grammaticalisée à partir de la forme *ba'ḍ=hum* « entre=3PL.M » dérivée de l'arabe égyptien.

(40) *úo* *kelí* *ínna* *ásma* *gúna* *to*
3SG laisser 1PL écouter chanson POSS.3SG
« Il nous a fait écouter sa chanson. »

Dans l'exemple précédent, *kelí* « laisser » est le verbe exprimant la valeur factitive, tandis que *ásma* « écouter » est le verbe de la subordonée. C'est pour cette raison qu'il apparaît avec sa forme non-marquée. D'un point de vue syntaxique, *kelí* est un verbe bivalent, il implique donc deux actants : le sujet (agent) *úo* 3SG et l'objet (patient) *ínna* 1PL. De la même façon, *ásma* est un verbe transitif et il accepte le sujet (agent) *ínna* 1PL et l'objet (patient) *gúna to* « sa chanson ». Le pronom *nína* 1PL est donc en même temps l'objet (patient) de *kelí* « laisser » et le sujet (agent) de la proposition factitive.

Etant donné que *kelí* est aussi un verbe ambitransitif (*cf.* 4.1.5., 4.3.1.), dans une construction factitive passive, le sujet (agent) de la completive apparaît en position d'objet après *kelí*, alors que l'agent de la factitive est omis (*cf.* 6.3.2.).

(41) *kelí* *ána* *ágara*
laisser 1SG étudier
« On m'a fait étudier. »

Dans ce contexte, il convient de préciser que *kelí* « laisser » n'a pas une valeur permissive, celle-ci étant encodée par le verbe lexical *síbu* « quitter », comme on peut le voir dans l'exemple suivant :

(42) *júluk* *tái* *ma* *síbu* *ána* *rówa*
père.ARG POSS.1SG NEG quitter 1SG aller
« Mon daron ne m'a pas laissé aller. »

6.3.6. La construction causative

Si la sémantique d'une construction factitive suppose toujours une transitivité du procès verbal (*cf.* 6.3.5.), la construction causative est réservée aux verbes intransitifs et indique que le sujet (agent) est responsable d'un changement d'état de l'objet (patient). Sur le plan syntaxique, la construction causative implique aussi une subordination. Cependant, à la différence de la construction factitive, le verbe manipulatif impliqué par la construction causative est *kútu* « mettre ».

(43) *de hája al kútu ána ja híni*
PROX.SG chose REL mettre 1SG venir ici
« C'est le motif qui m'a fait venir ici. »

Les locuteurs natifs d'AJ ont tendance à marquer la relation de subordination causative par le biais de la marque modale *kedé* (*cf.* 5.5.4., 5.6.2., 7.3.2.) placée entre le sujet et le verbe de la proposition subordonnée comme on peut le voir dans l'exemple suivant :

(44) *úo kútu ána kedé géni jámbu to*
3SG mettre 1SG MOD rester à_côté POSS.3SG
« Il m'a fait asseoir à côté de lui. »

6.3.7. Les constructions expérientielles

Une construction expérientielle est dédiée à l'expression linguistique des expériences physiques ou mentales telle que la douleur. L'AJ se caractérise par la présence de plusieurs stratégies syntaxiques pour l'expression des expériences physiques. On relève, tout d'abord, une construction possessive bivalente impliquant le verbe quasi-transitif *éndu* « avoir » (*cf.* 6.3.1), comme on peut le voir en (45) où le sujet (*ána* 1SG) est associé au rôle sémantique d'expérimenteur tandis que l'objet (*wója ras* « mal (de) tête ») qui suit le verbe exprime la sensation expérimentée.

(45) *ána éndu wója ras*
1SG avoir douleur tête
« J'ai mal à la tête. »

La deuxième stratégie de construction expérientielle bivalente est réservée à l'expression des expériences physiques dont le siège ne peut pas être identifié par le locuteur. Cette construction implique l'emploi du verbe transitif *ámulu* « faire » (46). Dans ce cas, la sensation expérimentée (*tiktík* « hoquet ») est mise au premier plan et donc promue en position de sujet, tandis que l'expérimenteur (*ána* 1SG) est rétrogradé en position d'objet direct.

(46) *tiktík g=ámulu ána*
hoquet NPONC=faire 1SG
« J'ai le hoquet. » (lit. « Le hoquet est en train de me faire. »)

Enfin, on retrouve une construction expérientielle monovalente qui emploie le verbe intransitif *wája* « faire mal » exprimant le procès physique de la douleur. Comme on peut le voir en (47), le seul actant de la construction correspond au siège de la sensation expérimentée (*ída tái* « ma main »). Pourtant, l'expérimenteur peut être individualisé grâce au déterminant possessif *tái* modifiant le sujet de la construction.

(47) *ída tái gi=wája*
main POSS.1SG NPONC=faire_mal
« J'ai mal à la main. » (lit. « Ma main fait mal. »)

6.3.8. Les constructions impersonnelles

Une construction impersonnelle se caractérise par l'absence de sujet référentiel. En général, les langues à sujet obligatoire, ce qui est le cas de l'AJ, emploient un pronom explétif pour exprimer le sujet non-référentiel d'une construction impersonnelle (en français *il*, *on* ou en anglais *it*). En revanche, dans la plupart des cas, la valeur d'impersonnel en AJ est encodé par un sujet nul ou lexicalement non exprimé.

(48) *kan jíbu gol bi=wodí gurúš de*
COND amener goal IRR=donner argent PROX.SG
« Si on marque un but, on lui donne de l'argent. »

L'exemple précédent montre une proposition subordonnée conditionnelle impersonnelle (*cf.* 7.3.6.). La protase est représentée par une construction bivalente dont le sujet/agent n'est pas exprimé. Le verbe de l'apodose (*bi=wodí* « donner ») est sémantiquement trivalent (*cf.* 6.4.), mais ni le sujet (agent) ni le l'objet indirect (bénéficiaire) ne sont exprimés. Cela signifie que si un sujet nul implique un argument coréférentiel (le bénéficiaire de l'exemple 48), alors l'argument coréférentiel sera aussi nul.

On retrouve souvent des constructions impersonnelles en contexte modal. Dans l'exemple (49), l'auxiliaire de nécessité externe *lázim* « devoir » (*cf.* 5.5.4.) implique deux verbes auxiliés (*rákabu* « cuisiner » et *jíbu* « amener ») qui n'ont pas de sujet lexicalement exprimé.

(49) *lázim rákabu le=úo ákil jíbu*
devoir cuisiner à=3SG nourriture amener
le=úo ákil be=málaga ašan úo b=ákulu
à=3SG nourriture par=cuillère afin 3SG IRR=manger
« Il faut lui cuisiner de la nourriture, lui donner la nourriture avec une cuillère afin qu'il mange. »

Enfin, il faut noter que l'AJ peut aussi exprimer un sujet collectif par le biais d'un lexème non-référentiel tel que *nas* « gens » comme on le voit dans les exemples suivants :

(50) *fi=júba nas gi=géni fi=buyút kásab*
dans=Juba gens NPONC=rester dans=maisons bois
« À Juba, on habite dans des maisons en bois. » (lit. « Les gens habitent dans des maisons en bois. »)

(51) *hási de nas gi=dérisu inglízi*
maintenant PROX.SG gens IRR=enseigner anglais
« Maintenant, on enseigne l'anglais. » (lit. Maintenant, les gens enseignent l'anglais. »)

6.4. Les prédicats verbaux trivalents

Une construction trivalente, ou ditransitive, se développe autour d'un verbe de transition (ex. « donner », « montrer », « payer », « acheter », « raconter », etc.) qui est susceptible d'accepter simultanément deux actants autres que le sujet/agent (A). Ce sont l'objet direct/patient (P, qui représente l'actant qui est transmis par l'agent) et l'objet indirect/bénéficiaire (B, qui représente l'actant recevant l'objet/patient,).

En AJ, le patient est toujours encodé comme un objet direct, tandis que le bénéficiaire est encodé comme un argument indirect introduit par la préposition *le=* « à » (*cf.* 6.5.3.). Cependant, l'ordre des deux actants varie en fonction du statut grammatical du bénéficiaire. Ainsi, si le bénéficiaire est exprimé au moyen d'une forme pronominale, il précède toujours l'objet/patient comme on peut le voir en (52-53).

(52) *úo wodí le=ána bágara*
3SG donner à=1SG vache
A B P
« Il m'a donné une vache. »

(53) *úo b=ásra le=íta gísa de*
3SG IRR=expliquer à=2SG histoire PROX.SG
A B P
« Il va t'expliquer cette histoire. »

En revanche, si le bénéficiaire est exprimé par le biais d'un nom, il suit systématiquement l'objet/patient comme c'est le cas pour les exemples (54-55).

(54)	*ínna*	*dáfa*	*bob*	*le=suwág*
	1PL	payer	argent.ARG	à=chauffeur
	A		P	B

« On a donné l'argent au chauffeur. »

(55)	*úo*	*kélim*	*gále*	*wedí*	*biníya*	*de*	*le=tatamá*
	3SG	parler	dire	donner	fille	PROX.SG	à=Tatama
					P		B

« Il a dit : donne cette fille à Tatama ! »

On retrouve le même ordre des arguments dans les constructions trivalentes dont le bénéficiaire et le patient sont exprimés par des formes pronominales.

(56)	*kedé*	*wedí*	*úo*	*le=ána*
	MOD	donner	3SG	à=1SG
			P	B

« Donne-le-moi s'il te plait. »

6.5. LES ARGUMENTS CIRCONSTANCIELS

Les arguments circonstanciels sont toujours introduits au moyen des prépositions. Elles sont toutes d'origine arabe et, en général, on ne relève pas d'innovations sémantiques par rapport à la langue lexificatrice. D'un point de vue phonologique, les prépositions de l'AJ sont des clitiques qui ne sont jamais associés à un accent de hauteur et qui, en revanche, sont régulièrement assimilés aux éléments auxquels ils se rattachent (*cf.* 2.4.1.). Dans les contextes discursifs pragmatiquement neutres, les arguments circonstanciels suivent toujours le prédicat verbal.

6.5.1. La préposition *fi=*

La préposition *fi=* « dans » se distingue de la copule existentielle *fi* EXS par le fait qu'elle n'est jamais accentuée (*cf.* 2.4.1. ex. 62). Dans la plupart des cas, *fi=* renvoie à une localisation statique dans l'espace (57) et dans le temps (58).

(57) *úo g=ištákal fi=kobúko*
3SG NPONC=travailler dans=Kobuko
« Il travaille à Kobuko. »

(58) *ána ja híni fi=séntu alfén*
1SG venir ici dans=année deux_mille
« Je suis arrivé ici au cours de l'année deux mille. »

Comme nous l'avons déjà montré (*cf.* 6.3.1. ex. 26), *fi=* peut aussi localiser la destination des verbes de mouvement tel que *tála* « sortir ».

(59) *nína tála fi=síka híni*
1PL sortir dans=route ici
« On est sorti sur la route, ici. »

En outre, comme en arabe soudanais, la préposition *fi=* peut être aussi employée pour renvoyer à un complément d'argument avec le sens de « à propos, au sujet de » comme on peut le voir dans l'exemple suivant :

(60) *hal íta éndu kábar fi=hája de* ↑
Q.TOT 2SG avoir nouvelle dans=chose PROX.SG
« Tu as des nouvelles à propos de cette chose ? »

6.5.2. La préposition *min=*

La préposition *min=* renvoie à une localisation dynamique. Dans la plupart des cas, la préposition *min=* indique le point de départ d'un verbe de mouvement (61), mais il n'est pas rare qu'elle ait aussi le sens temporel de « depuis » (62).

(61) *nas ketír bíga bi=ríja min=kartúm*
gens beaucoup devenir IRR=rentrer de=Khartoum
« Beaucoup de gens sont rentrés de Khartoum. »

(62) *ána ma áynu úo min=zamán*
1SG NEG voir 3SG de=autrefois
« Je ne le vois pas depuis longtemps. »

min= peut aussi introduire un complément circonstanciel de cause (63) et le complément d'un comparatif de supériorité (64, *cf.* 3.5.1).

(63) *úmon lísa gi=káfu~káfu min=nás*
3PL encore NPONC=avoir_peur~avoir_peur de=gens
« Ils ont toujours peur des gens. »

(64) *de* *áhsan* *min=dák*
PROX.SG mieux de=DIST
« C'est mieux que l'autre. »

6.5.3. La préposition *le=*

La préposition *le=* peut être employée pour introduire le bénéficiaire d'un prédicat trivalent (65, *cf.* 6.4.) ou bien le destinataire bénéfactif d'un verbe transitif (66).

(65) *ána ištéri le=úo telefón*
1SG acheter à=3SG téléphone
« Je lui ai acheté un téléphone. »

(66) *úo g=ámulu le=nás ameliy-át*
3SG NPONC=faire à=gens operation-PL1
« Il fait des opérations pour les gens. »

Dans une minorité de cas, la préposition *le=* renvoie à une localisation dynamique en indiquant la direction d'un verbe de mouvement comme on peut le voir dans l'exemple suivant :

(67) *bas al gi=já min=wizára gi=rówa le=súk*
bus REL NPONC=venir de=ministère NPONC=aller à=marché
« Le bus qui vient du ministère (et qui) va en direction du marché. »

6.5.4. La préposition *ma=*

En général, *ma=* introduit un circonstanciel comitatif comme c'est le cas pour les exemples (68-69).

(68) *íta báda dówru ma=nás be=kurá*
2SG commencer marcher avec=gens par=jambe
« Tu as commencé à marcher à pied avec les gens. »

(69) *ána éndu múškila ma=jamá del*
1SG avoir problème avec=groupe PROX.PL
« J'ai un problème avec ces gens-là. »

De plus, comme nous l'avons déjà remarqué (*cf.* 4.1.5. ex. 6, 6.3.2. ex. 28), sous l'influence sémantique du substrat bari, la préposition *ma=* est aussi employée pour introduire l'agent d'une construction passive prototypique.

(70) *úo kan gobudú ma=bolís*
3SG ANT attrapper\PASS avec=police
« Il a été capturé par la police. »

6.5.5. La préposition *be=*

La préposition *be=* est essentiallement dédiée à l'expression d'un complément instrumental avec le sens de « avec, par, au moyen de, en », comme on peut le voir dans les exemples (71-72).

(71) *úmon ja be=bás al sukér de*
3PL venir par=bus REL petit PROX.SG
« Ils sont arrivés avec ce petit bus. »

(72) *úmon gi=kátifu be=árabi*
3PL NPONC=écrire par=arabe
« Ils écrivent en arabe. »

Elle a aussi un sens temporel de « pendant, en cours de ».

(73) *nína gi=dérisu be=misa*
1PL NPONC=enseigner par=soir
« Nous enseignons le soir. »

Dans quelques occurrences, la préposition *be=* marque une relation de cause comme c'est le cas pour l'exemple (74).

(74) *jenub-ín al ja min=júba be=sábab mašákil del*
meridional-PL2 REL venir de=Juba par=cause problèmes PROX.PL
« Les sudistes qui sont venus de Juba à cause de ces problèmes. »

7. LA SYNTAXE DE LA PHRASE COMPLEXE

Le chapitre suivant explorera la syntaxe de la phrase complexe qui se caractérise par le fait qu'elle comporte plus d'une unité phrastique. Nous analyserons trois types de relation entre les propositions composant une phrase complexe. En premier lieu, la juxtaposition qui est définie par l'absence de dépendance morphosyntaxique entre les différentes unités phrastiques. En deuxième lieu, la coordination qui, en revanche, met en relation des propositions de même rang au moyen de conjonctions additives, adversatives, disjonctives et consécutives. Ensuite, nous analyserons la subordination qui se caractérise par la dépendance syntaxique entre les différentes propositions d'une phrase complexe au moyen de divers types de conjonctions de subordination. Nous nous attacherons, en particulier, à l'étude des propositions subordonnés finales, circonstancielles, complétives, conditionnelles et concessives. On verra qu'un certain nombre de critères syntaxiques, ainsi que des restrictions concernant le marquage de l'aspect et du mode, permettent de préciser les différentes relations sémantiques qui lient les unités phrastiques à l'interieur d'une phrase subordonnée. Enfin, nous décrirons divers types de propositions relatives.

7.1. LA JUXTAPOSITION

Deux ou plusieurs propositions de même rang sont dans une relation de juxtaposition lorsqu'elles se suivent sans être reliées par des conjonctions de coordination. Sur le plan syntaxique, les phrases juxtaposées sont indépendantes et elles présentent chacune un sens complet. Bien que plusieurs phrases juxtaposées puissent avoir le même sujet, ce dernier doit être exprimé à chaque reprise par un nom ou ses substituts. Comme on peut le voir dans les exemples suivants, chaque unité phrastique correspond à une unité intonative mineure (signalée par /) et l'ensemble des propositions juxtaposées constitue une unité intonative majeure (signalée par //). C'est donc la prosodie qui garantit une cohérence énonciative à une séquence d'unités phrastiques juxtaposées.

(1) *úo rówa kartúm / úo géni henák //*
3SG aller Khartoum 3SG rester là-bas
« Il est allé à Khartoum, il est resté là-bas. »

(2) *ána rówa suk šáabi / ána gáta téskara / ána árkab //*
1SG aller marché Shaabi 1SG couper billet 1SG monter
« Je suis allé au Souk Shaabi, j'ai acheté le billet, je suis monté (dans l'autobus). »

(3) *yába de šílu ána / úo kútu ána mahál num /*
vieux PROX.SG emmener 1SG 3SG poser 1SG lieu sommeil
úo férisu le=ána / úo jíbu le=ána šái //
3SG étaler à=moi 3SG amener à=1SG thé
« Ce vieux monsieur m'a accompagné, il m'a conduit dans la chambre à coucher, il m'a étalé (le tapis), il m'a donné du thé. »

7.2. LA COORDINATION

7.2.1. La coordination additive

Deux propositions sont dans une relation de coordination additive lorsque la deuxième fournit une information additionnelle reliée à celle exposée dans la proposition précédente. En AJ, la coordination additive est toujours exprimée au moyen de la conjonction *wa* « et » qui dérive de l'arabe soudanais **wa* « et ». Comme dans les propositions juxtaposées, les unités phrastiques reliées par *wa* sont syntaxiquement indépendantes et, par conséquent, le sujet de chacune doit être exprimé par un nom ou ses substituts comme on peut le voir en (4-5).

(4) *úo gi=góbudu kurá to wa úo gi=nútu*
3SG NPONC=attraper jambe POSS.3SG et 3SG NPONC=sauter
« Il serre sa (propre) jambe et il saute. »

(5) *ána ja wa ána bíga wónusu ma=úmon*
1SG venir et 1SG devenir discuter avec=3PL
« Je suis venu et je me suis mis à discuter avec eux. »

Néanmoins, quand *wa* relie des phrases verbales impersonnelles (*cf.* 6.3.8.), aucun sujet n'est exprimé, comme on peut le voir dans l'exemple suivant :

(6) *gi=gabudú* *wa* *gi=šilú* *bára*
NPONC=verser\PASS et NPONC=emmener dehors
« (On) est pris et (on) est emmené dehors. »

7.2.2. La coordination adversative

La coordination adversative exprime une comparaison ou un contraste entre deux propositions reliées par la conjonction *lakín* « mais » qui dérive de l'arabe soudanais **lakīn* « mais ». D'un point de vue sémantique, la proposition introduite par la conjonction adversative *lakín* révèle toujours une restriction de l'action décrite par la proposition principale.

(7) *bikún úmon ja lakín ána ma árif*
FUT 3PL venir mais 1SG NEG savoir
« Ils sont peut-être venus, mais je ne suis pas sûr. »

(8) *ítakum hási de gi=géni híni*
2PL maintenant PROX.SG NPONC=rester ici
lakín salám ja kalás
mais paix venir définitivement
« Vous êtes encore là, mais la paix est désormais arrivée. »

(9) *úmon kélim gále nas g=ágara lakín giráya máfi*
3PL parler dire gens NPONC=étudier mais instruction NEG.EXS
« Ils disent que les gens étudient, mais il n'y a pas d'instruction. »

7.2.3. La coordination disjonctive

La coordination disjonctive sépare deux ou plusieurs propositions exprimant des options mutuellement exclusives. La conjonction disjonctive la plus courante en AJ est *wéle* « ou, soit » qui dérive de l'arabe soudanais **walla* « ou, soit ». En contexte positif (10-11), *wéle* indique qu'une seule des options proposées est réelle.

(10) *ákil de g=akulú ney* ↑ *wéle bi=rakabú* ↓
nourriture PROX.SG NPONC=manger\PASS cru ou IRR=cousiner\PASS
« Cette nourriture est à manger crue ou elle doit être cuisinée ? »

(11) *íta g=ágara sána síta* ↑*wéle g=ágara sána sába* ↓
2SG NPONC=étudier année six ou NPONC=étudier année sept
« Tu fréquentes la sixième ou la septième classe ? »

En revanche, en contexte négatif (12), aucune des options reliées par *wéle* n'est réelle.

(12)

kúbri	*de*	*min=zamán*	*ma*	*jedidú*
pont	PROX.SG	de=autrefois	NEG	renouveler\PASS

wéle	*sála*	*úo*	*wéle*	*ámulu*	*fógo*	*hája*
ou	réparer	3SG	ou	faire	y.ANAPH	chose

« Depuis longtemps, ce pont n'a pas été renové, ni réparé, il n'a pas été fait quoi que ce soit. »

La coordination disjonctive peut être aussi exprimée au moyen de la conjonction *aw* « ou » dérivant de l'arabe soudanais **aw* « ou ». Néanmoins, à la différence de *wele,* l'emploi de *aw* est limité à des contextes positifs.

(13)

kan	*ána*	*zúlum*	*zol*	*aw*	*ána*	*dúgu*	*zol*
COND	1SG	vexer	homme	ou	1SG	frapper	homme

bolís	*bi=séjinu*	*ána*	*guwám~guwám*
police	IRR=emprisonner	1SG	vite~vite

« Si j'ai vexé quelqu'un ou si je l'ai frappé, la police va m'emprisonner tout de suite. »

7.2.4. La coordination consécutive

Deux propositions sont dans une relation de coordination consécutive lorsque la deuxième indique une succession temporelle par rapport à la première. Dans la plupart des cas, la consécution temporelle est exprimée par la conjonction *yála* « ensuite » qui dérive de l'arabe soudanais **yaḷḷa* « puis, ensuite ».

(14)

úo	*rówa*	*áynu*	*watá*	*henák*	*kef*	*yála*	*úo*
3SG	aller	voir	sol	là-bas	comment	ensuite	3SG

bíga	*bi=kábaru*	*ána*	*kedé*	*ána*	*fútu*
devenir	IRR=informer	1SG	MOD	1SG	passer

« Il est allé voir comment ça se passait, puis il m'a informé afin que je puisse partir. »

Bien que syntaxiquement indépendante, la proposition introduite par *yála* n'a pas besoin d'un sujet lexicalement exprimé, si celui-ci correspond au sujet de la proposition première.

(15) *gestír de bi=kutú téhet ašán kedé úo*
pot PROX.SG IRR=mettre\PASS dessous afin MOD 3SG

b=ákara yála bi=kubú bára
IRR=déféquer ensuite IRR=verser\PASS dehors
« Ce pot est placé au-dessous afin qu'il puisse déféquer, ensuite (il) est vidé dehors. »

La coordination consécutive peut aussi être marquée par le morphème *ya* « puis », qui est aussi employé comme marque de vocatif (Manfredi et Tosco 2014 : 333-335, *cf.* 3.15.). À la différence de *yála* « ensuite », la conjonction *ya* « puis » exprime un rapport de consécution immédiate entre les deux propositions coordonnées. Dans ce cas aussi, le sujet de la deuxième proposition peut être optionnellement élidé s'il correspond au sujet de la proposition principale comme on peut le voir en comparant les exemples (16) et (17).

(16) *úmon fútu ya úmon ja ligó ásed*
3PL passer puis 3PL venir trouver lion
« Ils sont partis puis ils ont trouvé un lion. »

(17) *kan íta bi=tála bédri sabá fi hafl-át*
COND 2SG IRR=sortir tôt matin EXS minibus-PL1

al gi=já ya bi=šílu íta
REL NPONC=venir puis IRR=emmener 2SG
« Si tu sors tôt le matin, il y a des minibus qui arrivent puis (ils) t'emmènent tout de suite. »

7.3. La subordination

7.3.1. La subordonnée causale

La proposition subordonnée causale décrit la cause ou l'origine de la proposition principale dont elle dépend et avec laquelle elle établit une relation de cause-effet. En AJ, la proposition subordonnée causale est introduite au moyen de la conjonction *laánu* « parce que » qui dérive de l'arabe soudanais **liannu* « parce que ». Comme on peut le voir en (18), le sujet de la subordonnée est obligatoirement exprimé par un nom ou ses substituts, indépendamment du fait qu'il soit ou non le même sujet de la proposition principale.

(18) *úo ázu númu laánu úo ayán*
3SG vouloir dormir parce_que 3SG malade
« Il veut dormir parce qu'il est malade. »

(19) *úmon ma gábulu ána laánu ána ja min=kartúm*
3PL NEG accepter 1SG parce_que 1SG venir de=Khartoum
« Ils ne m'ont pas accueilli parce que je viens de Khartoum. »

7.3.2. La subordonnée finale

La subordonée finale établit un lien entre deux états de fait de telle façon que l'état principal se déroule avec l'objectif de réaliser l'état dépendant (Cristofaro 2003 : 157). En AJ, on retrouve une distinction syntaxique innovante entre les subordonnées finales qui présentent le même sujet que la proposition principale et les subordonnées finales qui présentent un sujet différent. Dans le premier cas (20-21), la proposition subordonnée est introduite par le subordonnant *ašán* « afin, pour » qui dérive de l'arabe soudanais * *'ašān* « afin, pour » et elle n'as pas de sujet lexicalement exprimé.

(20) *ána ázu serír ašán bi=númu fógo*
1SG vouloir lit afin IRR=dormir y.ANAPH
« Je veux un lit pour y dormir. »

(21) *úmon gi=rówa ámulu tedríb ašán bikún jáhiz*
3PL NPONC=aller faire entraînement afin FUT être_prêt
« Ils vont s'entraîner pour être prêts. »

Par contre, si le sujet de la subordonnée est différent de celui de la proposition principale, la subordonnée finale est introduite par la combinaison du subordonnant *ašán* « afin » et de la marque modale *kedé* (*cf.* 5.5.4., 5.6.2., 6.3.6., 7.3.4.). Dans ce cas, le sujet de la proposition subordonnée apparaît généralement après *kedé* comme on peut le voir dans les exemples suivants :

(22) *lázim úmon bi=wónusu le=nas ašán kedé nas bi=fáhimu*
devoir 3PL IRR=discuter à=gens afin MOD gens IRR=comprendre
« Il faut qu'ils parlent aux gens afin que les gens puissent comprendre. »

(23) *íta gi=gófulu bet táki ašán kedé*
2SG NPONC=fermer maison POSS.2G afin MOD
harámi ma bi=dákal júwa
voleur NEG IRR=entrer dedans
« Tu fermes ta maison afin que le voleur ne puisse pas y entrer. »

Si le sujet de la phrase subordonnée a déjà été mentionné dans le discours précédent, il est modifié par le déterminant démonstratif *de* (*cf.* 3.10.1.) et il est placé entre le subordonnant *ašán* et la marque modale *kedé*, comme c'est le cas pour *móya* « eau » dans l'exemple suivant :

(24) *úmon ámulu hófra towíl ašán móya de kedé*
3PL faire trou long afin eau PROX.SG MOD

bi=rówa kúlu bára
IRR=aller tout dehors
« Ils ont creusé un grand trou afin que l'eau puisse s'écouler dehors. »

Comme on peut le noter dans tous les exemples précédents, le verbe de la proposition subordonnée finale est toujours marqué par *bi=* exprimant une valeur modale d'irréalité (*cf.* 5.3.). Si la subordonnée inclut un prédicat non-verbal, comme dans le cas de l'exemple (21), l'irréalité est exprimée au moyen du marqueur futur *bikún* (*cf.* 5.4.2., 5.5.5.).

7.3.3. Les subordonnées circonstancielles de temps

Les propositions subordonnées circonstancielles de temps donnent une référence temporelle à l'action décrite dans la proposition principale (Cristofaro 2003 : 159). On distingue trois types de subordonnées de temps : les subordonnées circonstancielles de simultanéité, d'antériorité et de postériorité. Comme on le verra, ces trois types de subordonnée circonstancielle n'impliquent aucune restriction aspecto-temporelle.

7.3.3.1. La subordonnée circonstancielle de simultanéité

La subordonnée de simultanéité décrit une action qui a lieu en même temps que l'action décrite dans la proposition principale. En employant une perspective de synchronie dynamique, on peut remarquer différents degrés de grammaticalisation de la subordination circonstancielle de simultanéité en AJ. Dans une première phase, caractéristique des locuteurs non-natifs d'AJ, le substantif *záman* « temps » est employé avec un sens adverbial de « quand, au moment où ». A ce stade, la subordonnée circonstancielle précède toujours la proposition principale comme on peut le voir en (25).

(25) *záman madáris fáta úo ja kélim le=ána*
temps école.PL ouvrir 3SG venir parler à=1SG
« Quand les écoles ont ouvert, il est venu me parler. »

La deuxième phase de grammaticalisation de la subordonnée de simultanéité implique l'emploi du nom *záman* en combinaison avec le verbe *ligó* « trouver » introduisant la proposition subordonnée. Dans ce cas aussi, la subordonnée précède toujours la proposition principale.

(26) *záman ligó úmon wósulu nesib-át kúlu bíga máfi*
temps trouver 3PL arriver belle-soeur-PL1 tout devenir NEG.EXS
« Quand ils sont arrivés, toutes les belles-sœurs se sont cachées. »

Enfin, chez les locuteurs monolingues d'AJ, le verbe *ligó* « trouver » est le seul élément introduisant la subordonnée de simultanéité. Dans ce dernier cas, la subordonnée peut soit précéder la proposition principale (27), soit la suivre (28).

(27) *ligó ána númu úmon bíga dákal júwa*
trouver 1SG dormir 3PL devenir entrer dedans
« Quand je dormais, ils se sont introduits dans (ma chambre). »

(28) *sabí de mútu ligó úo lísa sukér*
ami PROX.SG mourir trouver 3SG encore petit
« Cet ami est mort quand il était encore jeune. »

7.3.3.2. La subordonnée circonstancielle d'antériorité

Le deuxième type de subordonnée circonstancielle de temps est la subordonnée d'antériorité : l'action décrite dans la proposition principale se déroule avant celle décrite par la subordonnée. En AJ, la subordonnée d'antériorité est toujours introduite par la conjonction *gáblima* « avant que » dérivant de l'arabe soudanais **gabli=ma* « avant que ». La proposition subordonnée d'antériorité peut soit précéder la proposition principale (29), soit la suivre (30).

(29) *ána ja gáblima úo fútu*
1SG venir avant_que 3SG passer
« Je suis arrivé avant qu'il ne soit parti. »

(30) *gáblima íta bi=rówa lázim íta bi=kálasu šókol de*
avant_que 2SG IRR=aller devoir 2SG IRR=finir travail PROX.SG
« Avant que tu partes, tu dois terminer ce travail. »

7.3.3.3. La subordonnée circonstancielle de postériorité

Dans la subordonnée circonstancielle de postériorité, l'action décrite dans la proposition principale se déroule après celle décrite dans la proposition subordonnée introduite par le subordonnant *báadma* « après que » dérivant de l'arabe soudanais **ba'ad=ma* « après que ». Comme la subordonnée d'antériorité, la subordonnée de postériorité peut soit précéder la proposition principale(31), soit la suivre (32).

(31) *ána zówju báadma ána ríja fi=jenúb*
1SG marier après_que 1SG rentrer dans=sud
« Je me suis marié après que je suis rentré au (Soudan du) Sud. »

(32) *báadma láham biga léyin nína bi=gáta úo*
après_que viande devenir tendre 1PL IRR=couper 3SG
« Après que la viande est devenue tendre, nous la coupons. »

7.3.4. La subordonnée complétive volitive

Une proposition subordonnée volitive fonctionne comme le complément direct des verbes de volonté tels que *ázu* ou *der* « vouloir ». De la même façon que les subordonnées finales (*cf.* 7.3.2.), l'AJ marque une distinction syntaxique innovante entre les subordonnées volitives qui ont le même sujet que la proposition principale et les subordonnées volitives qui ont un sujet différent. Dans le premier cas (33-34), la proposition subordonnée est juxtaposée à la principale et son sujet n'est pas lexicalement exprimé. Cependant la relation de subordination est mise en relief par le fait que le verbe de la subordonnée apparaît toujours sous sa forme non-marquée.

(33) *úmon der rówa júba*
3PL vouloir aller Juba
« Ils veulent aller à Juba. »

(34) *merfein de ázu ádi íta*
hyène PROX.SG vouloir mordre 2SG
« Cette hyène veut te mordre. »

En revanche, si le sujet de la subordonné volitive est différent de celui de la principale, il est lexicalement exprimé et peut suivre (35) ou précéder (36) la marque modale *kedé* (*cf.* 5.5.4., 5.6.2., 6.3.6.,

7.3.2.). En ce cas aussi, le verbe de la subordonnée apparaît toujours sous sa forme non-marquée.

(35) *sultán tánna ázu kedé nína géni kwes*
sultan POSS.3PL vouloir MOD 1PL rester bien
« Notre sultan veut que nous soyons bien. »

(36) *ána der íta kedé rówa ma=kál táki fi=kartúm*
1SG vouloir 2SG MOD aller avec=oncle POSS.2SG dans=Khartoum
« Je veux que tu ailles avec ton oncle à Khartoum. »

7.3.5. La subordonnée complétive déclarative

Une proposition subordonnée déclarative fonctionne comme le complément direct des verbes déclaratifs tels que *wónusu* « discuter », *kélim* « parler », *ásalu* « demander », *rúdu* « répondre » ainsi que des verbes cognitifs tels que *fékir* « penser », *árif* « savoir », *zékir* « se rappeler », *gásid* « supposer ». Comme dans d'autres langues créoles (créole anglais de Jamaïque, créole anglais de Sierra Leone, créole portugais de Guinée Bissau), en AJ, la subordonnée déclarative est généralement introduite par le verbe lexical *gále* « dire » employé avec une fonction de subordonnant (Miller 2000, 2001). Dans cet usage, *gále* apparaît toujours dans sa forme non-marquée et il suit systématiquement le verbe principal pour introduire un discours indirect. Comme on peut le voir dans les exemples suivants, l'AJ ne marque pas de différence morphosyntaxique entre les subordonnées déclaratives qui présentent le même sujet que la proposition principale et les subordonnées déclaratives qui présentent un sujet différent de la proposition principale.

(37) *úo kélim gále úo ma ázu ákulu*
3SG parler dire 3SG NEG vouloir manger
« Il a dit qu'il ne veut pas manger. »

(38) *úo fékir gále úo lázim kamán ríja jenúb*
3SG penser dire 3SG devoir aussi rentrer sud
« Il a pensé qu'il devait aussi rentrer au (Soudan du) Sud. »

(39) *lakín nas g=wónusu gále fi=júba ya jek*
mais gens NPONC=discuter dire dans=Juba VOC mec.ARG
íta ma b=ištakal
2SG NEG IRR=travailler
« Mais les gens disent qu'à Juba, mec, tu ne travailles pas. »

(40) *biníya de ma b=árif gále jamá de*
fille PROX.SG NEG IRR=savoir dire groupe PROX.SG
gi=kábasu úo
NPONC=trahir 3SG
« Cette fille ne sait pas que ces gens sont en train de la tromper. »
(Miller 2001:468)

Dans le cas des verbes déclaratifs ditransitifs (*cf.* 6.4.), il peut arriver que *gále* soit séparé du verbe principal par l'insertion du destinataire du discours indirect, toujours introduit par la préposition *le=* « à » (*cf.* 6.5.3.).

(41) *úmon kélim le=ána gále fi korofót henák*
3PL parler à=1SG dire EXS fumé là-bas
« Ils m'ont dit qu'il y a de la fumée là-bas. »

La graduelle désémantisation du verbe *gále* « dire » est aussi prouvée par le fait qu'il peut introduire un discours direct indépendamment du sémantisme du verbe principal. Dans ce cas aussi, *gále* apparaît sous sa forme non-marquée et sépare le verbe principal du destinataire du discours direct comme c'est le cas pour l'exemple (43).

(42) *ána báda kóre gále la la la*
1SG commencer crier dire non non non
« Je me suis mis à crier : non, non, non ! »

(43) *ána kélim gále le=yába de íta bi=rówa mútu*
1SG parler dire à=vieux PROX.SG 2SG IRR=aller mourir
« J'ai dit à ce vieux : tu vas mourir. »

(44) *yála ásed de bi=zékir gále aah*
ensuite lion PROX.SG IRR=se_rappeler dire ah
gibél dúrubu ána híni
avant frapper 1SG ici
« Alors le lion se souvient : ah ! J'ai été frappé ici. » (Miller 2003: 464)

Cependant, il faut remarquer que le verbe *gále* peut encore fonctionner comme un verbe déclaratif conservant son sens lexical de « dire ». Dans ce cas, il ne peut pas être suivi par *gále* à valeur de subordonnant. Par conséquent, le verbe *gále* « dire » introduit des discours directs et indirects juxtaposés comme on peut le voir dans les exemples suivants :

(45) *yála* *habóba* *to* *gále* *máta* *lágbatu*
ensuite grand-mère POSS.3SG dire PROH.2SG mélanger
haj-át *del*
chose-PL1 PROX.PL
« Alors sa grand-mère a dit : mélange pas ces trucs. »

(46) *úo* *gále* *úmon* *gi=rówa* *amarát*
3SG dire 3PL NPONC=aller Amarat
« Il a dit qu'ils sont en train d'aller au quartier d'Amarat. »

Dans ce contexte général, il faut aussi prendre en considération la possible influence de l'arabe soudanais sur la morphosyntaxe de la subordination déclarative. À ce propos, on peut noter que les variétés acrolectales de l'AJ sont caractérisées par l'emploi du subordonnant *ínu* « que » emprunté à l'arabe soudanais **innu* « que » qui introduit les subordonnées complétives du verbe *gále* « dire » (47) ainsi que des verbes cognitifs (48).

(47) *diktór* *gále* *ínu* *úo* *ayán*
médecin dire que 3SG malade
« Le médecin a dit qu'il est malade. »

(48) *úo* *árif* *ínu* *úmon* *kan* *wósulu* *badén*
3SG savoir que 3PL COND arriver après
úmon *bi=jíbu* *lofréga*
3PL IRR=amener louche_en_bois
« Il sait que, s'ils arrivent après, ils amèneront la louche en bois. »

Dans quelques rares cas, il y a un chevauchement fonctionnel entre *ínu* et *gále* qui peuvent apparaître dans le même énoncé pour introduire une subordonnée complétive.

(49) *íta* *ma* *bi=fékir* *ínu* *gále* *néfsa* *táki* *fi=bét*
2SG NEG IRR=penser que dire âme POSS.2SG dans=maison
« Tu n'as pas l'impression d'être à la maison. » (lit. « Tu ne penses pas que tu es à la maison. »)

7.3.6. La subordination conditionnelle

La subordination conditionnelle établit un lien entre deux états de fait, de telle façon que l'un d'eux représente la condition nécessaire pour que s'accomplisse l'autre (Cristofaro 2003 : 160). En AJ, toute subordonnée conditionnelle est composée d'une protase introduite par la conjonction conditionnelle *kan* « si » (glosé COND) qui dérive de l'arabe soudanais **kan* « si », et d'une apodose. On distingue quatre types de subordonnées conditionnelles : la subordonnée potentielle, contrefactuelle, concessive scalaire et concessive universelle.

7.3.6.1. La subordonnée conditionnelle potentielle

Dans une subordonnée conditionnelle potentielle, le locuteur présuppose que l'état de fait décrit par la protase est réalisable. La protase de la subordonnée conditionnelle potentielle est toujours introduite par la conjonction conditionnelle *kan* et son verbe peut apparaître sous sa forme non-marquée (50), précédé par la marque non-ponctuelle *gi=* (51, *cf.* 5.2.) ou, plus rarement, par la marque irréelle *bi=* (52, *cf.* 5.3.). En ce qui concerne le verbe de l'apodose, il est précédé par la marque d'irréel *bi=*.

(50) *kan úmon ja áynu kéda fi nas félan kwes-ín*
COND 3PL venir voir comme_ça EXS gens en_fait bien-PL2
« S'ils viennent voir, il y a des gens vachement bien. »

(51) *íta kan gi=rówa behenák íta bi=ligó*
2SG COND NPONC=aller par_là_bas 2SG IRR=trouver
ras táki kúlu ábyad
tête POSS.2SG tout blanc
« Si tu passes par-là-bas, tu finiras par avoir la tête toute blanche (à cause de la poussière). »

(52) *úo kan ma b=ámulu imtihán de*
3SG COND NEG IRR=faire examen PROX.SG
úo ma bi=dákal fi=jáma
3SG NEG IRR=entrer dans=université
« S'il ne passe pas cet examen, il ne rentrera pas à l'université. »

Comm on l'a déjà noté (*cf.* 5.2, ex 14), les locuteurs monolingues d'AJ ont tendance à employer *gi=* pour marquer l'apodose d'une phrase conditionnelle potentielle pour insister sur le caractére réalisable du procés exprimé dans la proposition principale.

(53) *kan íta g=wónusu ačóli ána gi=fáhimu*
COND 2SG NPONC=discuter acholi 1SG NPONC=comprendre
lakín ána ma bi=rúdu
mais 1SG NEG IRR=répondre
« Si tu parles acholi, je comprends, mais je ne répondrai pas.»

7.3.6.2. La subordonnée conditionnelle contrefactuelle

Dans une subordonnée conditionnelle contrefactuelle, le locuteur présuppose que l'état de fait décrit par la protase soit non réalisé ou irréalisable, c'est-à-dire contraire aux faits. La protase d'une conditionnelle contrefactuelle est marquée par la combinaison de la marque conditionnelle *kan* et de l'auxiliaire d'antériorité *kan* (*cf.* 5.4.1.), son verbe apparaît alternativement sous sa forme non-marquée ou précédé par la marque non-ponctuelle *gi=*. Le verbe de l'apodose, pour sa part, est toujours marqué par la combinaison de l'auxiliaire d'antériorité *kan* et de la marque irréelle *bi=* (*cf.* 5.3.).

(54) *kan kan úo ágara kwes kan uo bi=nája*
COND ANT 3SG étudier bien ANT 3SG IRR=réussir
« S'il avait étudié à fond, il aurait réussi (dans la vie). »

(55) *kan kan dubát ta ješ ma kárabu kúlu*
COND ANT sergent.PL POSS armée NEG détruire tout
kan nína bi=tówar guwám
ANT 1PL IRR=développer vite
« Si les sergents de l'armée n'avaient pas tout détruit,
on se serait développé rapidement. »

(56) *kan kan íta gi=híbu ána*
COND ANT 2SG NPONC=aimer 1SG
íta ma bi=ámulu zey de
2SG NEG IRR=faire comme PROX.SG
« Si tu m'aimais (vraiment), tu n'aurais pas agi comme ça. »

7.3.6.3. La subordonnée concessive scalaire

Les subordonnées concessives scalaires expriment une relation conditionnelle entre une protase et une apodose, et présentent les mêmes combinaisons d'aspect et de mode que les subordonnées conditionnelles ordinaires (Haspelmath et König 1998 : 566). La différence sémantique entre subordonnées scalaires et subordonnées conditionnelles réside dans le fait que l'apodose des subordonnées concessives scalaires exprime la condition la plus extrême pour l'achèvement de l'état de fait décrit par la protase. L'AJ a grammaticalisé la marque concessive scalaire *sála* (glosée CONC) à partir de l'interjection idiomatique **in šā' aḷḷah* « si dieu veut » de l'arabe soudanais[41]. Si la protase de la concessive scalaire est une phrase verbale, alors elle est introduite par *sála* suivi par la marque conditionnelle *kan* (*cf.* 7.3.6) comme on peut le voir dans les exemples (57-58).

(57) *sála kan ána kélim gále júluk*
CONC COND 1SG parler dire père.ARG
úo ma b=árif júluk de šenú
3SG NEG IRR=savoir père.ARG PROX.SG quoi
« Même si je dis père, il ne pourrait pas savoir ce que père veut dire. »

(58) *sála kan úmon rówa gudéle zátu fi láiba kwes*
CONC COND 3PL aller Gudele CONTR EXS joueur.PL bien
« Même s'ils vont à Gudele, il y a de bons joueurs là-bas. »

Au contraire, si la protase n'est pas une proposition verbale, alors *sála* est la seule marque introduisant la subordonnée concessive comme on peut le voir dans les exemples (59-60).

(59) *sála fi=médresa tómon úo bi=wónusu*
CONC dans=école POSS.3PL 3SG IRR=discuter
hája ta árabi júba
chose POSS arabe Juba
« Même dans leur école, il parlerait un peu en arabe de Juba. »

(60) *sála úo lomíngi íta ma b=ágder zúlum úo*
CONC 3SG idiot 2SG NEG IRR=pouvoir vexer 3SG
« Même s'il est idiot, tu ne peux pas le vexer. »

7.3.6.4. La subordonnée concessive universelle

Les subordonnées concessives universelles impliquent aussi une relation conditionnelle entre une apodose et une protase et elles présentent les mêmes combinaisons d'aspect et de mode que les subordonnées conditionnelles ordinaires. À la différence des concessives scalaires (*cf.* 7.3.6.3.), l'apodose des concessives

---

[41] Il est important de souligner que la marque concessive *sála* est aussi attestée en (ki-)nubi (Wellens 2005 : 278) et qu'elle représente un trait morphosyntaxique innovant par rapport à la langue lexificatrice, étant donné que les subordonnées concessives de l'arabe soudanais sont normalement introduites par le morphème **ḥatta* « même ». De ce fait, on peut penser qu'en JA, *sála* soit le résultat d'un processus de grammaticalisation précoce qui a eu lieu avant la séparation du (ki-)nubi (*cf.* 1.1.2.).

universelles a une portée maximale sur l'achèvement de l'état de fait décrit par l'apodose. En AJ, comme en arabe soudanais, la protase d'une concessive universelle est toujours introduite par la marque conditionnelle *kan* (*cf.* 7.3.6). En même temps, l'élargissement de la portée de la condition de la protase sur l'état de fait de l'apodose est signalé par la réduplication des adverbes (*cf.* 9.2.2.1.) ou des pronoms interrogatifs (*cf.* 9.2.2.2.), comme *wen~wen* « où que » en (61) et de *šenú~šenú* « quoi que » en (62).

(61)	*kan*	*íta*	*rówa*	*wen~wen*	*ána*	*bi=rówa*	*ma=íta*
	COND	2SG	aller	où~où	1SG	IRR=aller	avec=2SG

« Où que tu ailles, je viendrai avec toi. »

(62)	*kan*	*hukúma*	*ámulu*	*šenú~šenú*
	COND	gouvernement	faire	quoi~quoi

wéde	*de*	*ma*	*bi=géru*
situation	PROX.SG	NEG	IRR=changer

« Quoi que le gouvernement fasse, cette situation ne changera pas. »

7.4. La relativisation

Une proposition relative est utilisée pour restreindre l'ensemble des référents potentiels d'une tête nominale. L'AJ se caractérise par la présence de plusieurs stratégies morphosyntaxiques de relativisation, leur occurrence repose sur des facteurs de variation sociolinguistique et de spécialisation fonctionnelle. De ce fait, la proposition relative peut être soit juxtaposée, soit introduite au moyen de pronoms personnels explétifs ou des relateurs invariables *al* et *abú*.

7.4.1. La relative juxtaposée

Une phrase relative juxtaposée suit la tête nominale modifiée sans être reliée par aucune marque de subordination. Cette stratégie de relativisation est caractéristique des locuteurs non-natifs d'AJ et semble être limitée aux cas où la relativisation porte sur la fonction syntaxique de sujet d'un prédicat verbal (63) ou non-verbal (64). Dans les deux cas, aucun pronom anaphorique n'apparaît dans la phrase juxtaposée.

(63) *íta bi=ligó nas ma gi=háfiz súra kwes*
2SG IRR=trouver gens NEG NPONC=garder image bien
« Tu trouveras des gens qui ne donnent pas une bonne impression. »
(lit. « Tu trouveras des gens ne gardent pas une bonne image. »)

(64) *béled ísim to terkéka de*
pays nom POSS.3SG Terkeka PROX.SG
« Le pays qui s'appelle Terkeka. » (lit. « Le pays son nom est Terkeka. »)

7.4.2. La relative introduite par un pronom explétif

La deuxième stratégie de relativisation implique l'utilisation d'un pronom personnel (*cf.* 3.9.) en fonction de relateur qui s'accorde avec la tête nominale qui le précède. Cet emploi explétif des pronoms personnels est aussi caractéristique des locuteurs non-natifs d'AJ. Cependant, à la différence des phrases relatives juxtaposées (*cf.* 7.4.1), la relative introduite par un pronom explétif détermine toujours le sujet d'un prédicat verbal. Dans ce cas aussi, aucun pronom anaphorique n'est employé pour rappeler la fonction relativisée.

(65) *sídi úo gáni bi=wedí gurúš to*
patron 3SG riche IRR=donner argent POSS.3SG
« Le patron qui est riche donne son argent. » (lit. « Patron lui riche donne son argent. »)

(66) *nas úmon kwes-ín bi=rówa fi=kenísa*
gens 3PL bien-PL2 IRR=aller dans=église
« Les gens qui sont bien vont à l'église. » (lit. « Les gens eux bien vont à l'église. »)

7.4.3. La relative introduite par *al*

al dérive du pronom relatif **al* de l'arabe soudanais et représente sans doute le relateur le plus courant de l'AJ. De manière similaire à la langue lexificatrice, *al* est invariable et peut relativiser n'importe quel type d'antécédent nominal, indépendamment de sa fonction syntaxique (sujet, complément direct ou indirect). Lorsque *al* relativise un nom ayant la fonction de sujet dans la proposition relative (67-68), aucun pronom anaphorique ne rappelle la fonction relativisée.

(67) *dúwal al gi=gúm fi=hudúd ma=ekatória*
pays.PL REL NPONC=se_lever dans=frontière.PL avec=Équatoria
sáwa íta árif
ensemble 2SG savoir
« Les pays qui font frontière avec l'Équatoria, tu sais. » (lit. « Les pays qui se lèvent sur les frontières ensemble avec l'Équatoria, tu sais. »)

(68) *íta bi=ligó tálaba al lísa g=ágara fi=médresa*
2SG IRR=trouver étudiant.PL REL encore NPONC=étudier dans=école
« Tu trouveras des étudiants qui sont encore en train d'étudier à l'école. »

Ainsi, si le nom relativisé a la fonction de complément direct (69-70), la subordonnée relative introduite par *al* ne présente pas de pronom anaphorique.

(69) *ána gi=wónusu rendók táni al now nas kubár*
1SG NPONC=parler argot deuxième REL type gens grand.PL
ma gi=fáhim
NEG NPONC=comprendre
« Je parle un autre argot du type que les gens âgés ne comprennent pas. »

(70) *úo ámulu keimót al ánna g=ákulu*
3SG faire pâte_de_cacahouètes REL 1PL NPONC=manger
« Il a preparé la pâte de cacahouète qu'on mange (d'habitude). »

Au contraire, si la relativisation porte sur la fonction de complément indirect, un pronom anaphorique régi par une préposition apparaît dans la subordonnée comme c'est le cas pour le comitatif *ma=úo* « avec qui » en (71, *cf.* 6.5.4.) et l'instrumental *be=úo* « avec lequel » en (72, *cf.* 6.5.5.).

(71) *mundári al ána rówa ma=úo salakána*
Mundari REL 1SG aller avec=3SG Salakana
« Le Mundari avec qui je suis allé à Salakana. »

(72) *de molódo al ánna bi=kúruju be=úo*
PROX.SG houe REL 1PL IRR=cultiver par=3SG
« Celle-ci est la houe avec laquelle nous cultivons. »

Lorsque la relativisation introduite par *al* détermine un complément de lieu (73-74), le noyau de la subordonnée est représenté par l'adverbe anaphorique *fógo* « dans lequel, sur lequel, y » qui est le résultat de la grammaticalisation de l'adverbe de lieu *fog* « dessus » (*cf.* 8.1.1.) suivi par le pronom personnel de 3SG *úo* (*cf.* 3.9.).

(73) *mahál al bi=wedí fógo dubát ta ješ zátu*
lieu REL IRR=donner y.ANAPH sergent.PL POSS armée CONTR
« Le lieu dans lequel les sergents de l'armée sont envoyés. »

(74) *fi=síka al arabát gi=dówru fógo*
dans=chemin REL voiture.PL NPONC=tourner y.ANAPH
« Dans la rue sur laquelle les voitures roulent. »

Comme en arabe soudanais et en (ki-)nubi (Wellens 2005 : 126-128 ; Manfredi 2017), l'AJ distingue syntaxiquement les subordonnées relatives restrictives et les non-restrictives introduites par *al* (*cf.* 3.16., ex. 96). Si la subordonnée relative donne une information essentielle pour restreindre l'ensemble des référents potentiels de l'antécédent nominal, elle est dite restrictive et n'est pas marquée, comme on a pu le voir dans tous les exemples précédents. Si, par contre, la subordonnée relative donne une information supplémentaire qui n'est pas indispensable pour l'identification du référent, elle est dite non-restrictive et elle est toujours marquée par un déterminant démonstratif proximal (*cf.* 3.10.1.) qui s'accorde en nombre avec l'antécédent nominal. Comme on peut le noter en (75-76), les propositions relatives non-restrictives, qui sont respectivement marquées par *de* et *del*, donnent une information supplémentaire pour l'identification des antécédents nominaux qui sont déjà identifiables grâce aux déterminants *tai* (*cf.* 3.13.) et *tan-ín* (*cf.* 3.11.).

(75) *sabí tái al ána gi=géni ma=úo de*
ami POSS.1SG REL 1SG NPONC=rester avec=3SG PROX.SG
« Mon ami, celui avec qui j'habite. »

(76) *íta gi=já ligó farig-át tan-ín*
2SG NPONC=venir trouver équipe-PL1 deuxième-PL2

al sukár~sukár del yáwu gi=šilu kas
REL petit.PL~petit.PL PROX.SG INFO NPONC=emmener coupe
« Tu trouves que d'autres équipes qui sont petites sont celles qui vont gagner la coupe. »

Enfin, il faut noter que dans quelques de cas, *al* peut débuter une proposition sans avoir un antécédent nominal. Il a alors la fonction de pronom sujet avec le sens de « ce qui, celui qui » comme on peut le voir dans l'exemple suivant :

(77) *al* *ma* *éndu* *gurúš* *b=ištakal*
REL NEG avoir argent IRR=travailler
« Celui qui n'a pas d'argent travaille. »

7.4.4. La relative introduite par *abú*

Comme nous l'avons déjà remarqué (*cf.* 3.2.3.), le lexème *abú* « père » joue un rôle important dans la composition nominale quand il est employé pour décrire des propriétés intrinsèques d'un nom. Comme *al, abú* est souvent employé pour marquer des adjectifs restrictifs (*cf.* 3.16., ex. 97). Ces fonctions grammaticales sont aussi à la base de son emploi comme relateur dans une subordonnée relative. Même si, dans cette fonction, il est beaucoup moins courant que *al* (*cf.* 7.4.3.), *abú* étant exclusivement utilisé pour relativiser la fonction de sujet[42] comme dans les exemples (78-79).

(78) *zol* *abú* *ja* *aléla* *de*
homme père venir aujourd'hui PROX.SG
« L'homme qui est venu aujourd'hui. »

(79) *nas* *abú* *jére* *lísa* *ma* *ríja*
gens père courir encore NEG rentrer
« Les gens qui ont fui ne sont pas encore retournés. »

[42] Cette fonction de *abú* comme relateur sujet a été aussi relevée par Luffin (2005 : 180) dans le (ki-)nubi de Mombasa.

8. ADVERBES ET AUTRES PARTIES DU DISCOURS

Dans le chapitre suivant nous décrirons les formes et les fonctions des principaux adverbes de l'AJ. Nous analyserons aussi d'autres parties du discours qui n'ont pas encore été décrites, tels que les marqueurs du discours et les idéophones.

8.1. LES ADVERBES

Sur le plan morphosyntaxique, les adverbes constituent une classe fermée de lexèmes invariables qui peuvent modifier un verbe, un adjectif, un autre adverbe ou bien une phrase entière. Comme on le verra, tous les adverbes de l'AJ, qu'ils soient simples ou composés, ont un étymon arabe. La description des adverbes sera faite en fonction de leurs valeurs sémantiques (adverbes de lieu, de temps, de manière et de degré), ce qui permettra de mettre en lumière leurs différents comportements syntaxiques.

8.1.1. Les adverbes de lieu

Les adverbes de lieu apportent un cadre locatif à l'élément qu'ils modifient. Les principaux adverbes de lieu de l'AJ sont :

– *héna* « ici »

L'adverbe déictique *héna* (avec sa variante *híni*) dérive de l'arabe soudanais **hena* (**hini* dans les dialectes soudanais occidentaux). En AJ, *héna* désigne une deixis proche du point de repère dans l'espace et suit systématiquement le syntagme verbal qu'il modifie.

(1) *woledú* *ána* *héna* *fi=júba*
faire_naître\PASS 1SG ici dans=Juba
« Je suis né ici, à Juba. »

Quand il apparaît en position adnominale, l'adverbe *héna* « ici » ne modifie pas le nom qui le précède, mais il emphatise l'accessibilité pragmatique du référent comme c'est le cas pour *síka* « route » dans l'exemple suivant :

(2) *nína tála kúlu fi=síka híni*
1PL sortir tout dans=route ici
« On est tous sortis sur la route ici. »

– *henák* « là-bas »

L'adverbe déictique *henák* dérive de l'arabe soudanais **henāk* « là-bas » et désigne une deixis éloignée dans l'espace. Il suit systématiquement le verbe qu'il modifie.

(3) *ána bi =rówa géni henák*
1SG IRR=aller rester là-bas
« J'irai vivre là-bas. »

Comme *héna* « ici », *henák* « là-bas » peut apparaître en position adnominale pour emphatiser la non-accessibilité pragmatique d'un référent, comme c'est le cas pour *nas del* « ces gens » dans l'exemple suivant :

(4) *nas del henák*
gens PROX.PL là-bas
« Ces gens là-bas. »

– *bára* « dehors »

L'adverbe *bára* dérive de l'arabe soudanais **barra* « dehors » et suit toujours le verbe qu'il modifie.

(5) *máta rówa bára*
PROH.2SG aller dehors
« Ne va pas dehors ! »

Quand *bára* « dehors » exprime une référence spatiale par rapport à un point de repère précis, il apparaît en combinaison avec la préposition *min=* « de » (*cf.* 6.5.2.) suivi par un substantif.

(6) *bára min=júba kéda íta ma b=ágder dówru*
dehors de=Juba comme_ça 2SG NEG IRR=pouvoir marcher
« En dehors de Juba, comme ça, tu ne peux pas marcher. »

– *júwa* « dedans »

L'adverbe *júwa* dérive de l'arabe soudanais **juwwa* « dedans » et suit systématiquement le verbe qu'il modifie.

(7) *lázim íta dákalu júwa*
devoir 2SG entrer dedans
« Tu dois entrer dedans. »

À la différence de *bára* « dehors », quand *júwa* « dedans » exprime une référence spatiale par rapport à un point d'incidence précis, il apparaît en combinaison avec la marque de possession *ta* (*cf.* 3.12.), suivi à son tour par un substantif, comme on peut le voir dans l'exemple suivant :

(8) *ánina fi júwa ta malikíya*
1PL EXS dedans POSS Malikiya
« Nous sommes au centre de Malikiya. »

– *jámbu* « à côté de »

L'adverbe *jámbu* dérive de l'arabe soudanais **jamb=uh* « à côté=3SG.M » et suit toujours le verbe qu'il modifie. Le point d'incidence de *jámbu* peut être exprimé par un nom (9) ou par un déterminant possessif (10, *cf.* 3.13.).

(9) *ána rówa jámbu adaráb de kalás*
1SG aller à_côté Beja PROX.SG définitivement
« Je suis allé à côté de ce Beja. »

(10) *ána der rówa géni jámbu to*
1SG vouloir aller rester à_côté POSS.3SG
« Je veux aller m'asseoir à son côté. »

– *fog* « (au-)dessus »

L'adverbe *fog* dérive de l'arabe soudanais **fōg* « (au-)dessus » et suit toujours le verbe qu'il modifie. Il peut être suivi par un substantif et prend alors le sens de « au-dessus de » (11) ou apparaître isolé avec le sens de « en haut » (12).

(11) *úo ja nútu fog šédera de*
3SG venir sauter dessus arbre PROX.SG
« Alors il a sauté au-dessus de cet arbre. »

(12) *íta bi=ligó nas kurén tómon fog*
2SG IRR=trouver gens jambe.PL POSS.3PL dessus
« Tu trouveras des gens avec les jambes en l'air. »

– *fógo* « y »

L'adverbe anaphorique *fógo* est le résultat de la grammaticalisation de l'adverbe de lieu *fog* « dessus » suivi par le pronom personnel de troisième personne *úo* (*cf.* 3.9.). Dans la plupart des cas, *fógo* apparaît dans le rhème d'un support lexical disjoint correspondant à un topique. Ainsi les exemples (13-14), *fógo* est coréférentiel respectivement de *ámbara de* « ce dispensaire » et *buyút del* « ces maisons ».

(13) *ámbara* *de* *kan* *íta* *dákal* *fógo*
dispensaire PROX.SG COND 2SG entrer y.ANAPH
ma *fógo* *ey* *hája*
NEG y.ANAPH chaque chose
« Ce dispensaire, si tu y rentres, il n'y a rien. »

(14) *buyút* *del* *bi=donufú* *nas* *fógo*
maison.PL PROX.PL IRR=enterrer\PASS gens y.ANAPH
« Ces maisons, les gens y sont enterrés. »

Comme nous l'avons déjà remarqué, l'adverbe *fógo* apparaît aussi comme noyau anaphorique d'une phrase relative qui porte sur un complément indirect de lieu (*cf.* 7.4.3.).

– *téhet, tíhit* « (en) dessous de »

L'adverbe *téhet* (avec sa variante *tíhit* « sous, en dessous de ») dérive de l'arabe soudanais **teḥet* (**tiḥit* dans les dialectes soudanais occidentaux) « sous, en dessous de » et suit toujours le verbe qu'il modifie.

(15) *úo* *jáda* *úo* *téhet*
3SG cacher 3SG en_dessous
« Il l'a poussé par terre. »

Si *téhet* exprime une référence spatiale par rapport à un point d'incidence précis, il apparaît en combinaison avec la marque de possession *ta* (*cf.* 3.12.) suivi par un substantif.

(16) *téhet* *ta* *jébel* *de*
en_dessous POSS montagne PROX.SG
« Au pied de cette montagne. »

– *gidám* « devant »

L'adverbe *gidám* dérive de l'arabe soudanais **giddām* « devant » et suit toujours le verbe qu'il modifie.

(17) *rówa* *gidám*
aller devant
« Va tout droit. »

De manière similaire à *téhet* « en dessous de » et à *júwa* « dedans », quand *gidám* « devant » exprime une référence spatiale par rapport à un point de repère précis, il apparaît en combinaison avec la marque de possession *ta* (*cf.* 3.12.) suivi par un substantif.

(18)	*úo*	*wógif*	*gidám*	*ta*	*bet*	*to*
	3SG	être_debout	devant	POSS	maison	POSS.3SG

« Il est debout devant sa maison. »

Mis à part sa référence spatiale, l'adverbe *gidám* « devant » peut exprimer une référence temporelle de futur s'il est combiné avec la préposition *le=* « à » (*cf.* 6.5.3.) comme on peut le voir dans l'exemple suivant :

(19)	*min=hása*	*le=gidám*
	de=maintenant	à=devant

« Dorénavant. »

– *wára* « derrière »

L'adverbe *wára* dérive de l'arabe soudanais **waṛa* « derrière » et suit toujours le verbe qu'il modifie.

(20)	*nas*	*bes*	*gi=ríja*	*wára*
	gens	seulement	NPONC=retourner	derrière

« Les gens reculent. »

Quand *wára* « derrière » exprime une référence spatiale par rapport à un point d'incidence précis, il apparaît en combinaison avec la marque de possession *ta* (*cf.* 3.12.) suivi par un substantif.

(21)	*wára*	*ta*	*jébel*	*kujúr*	*íta*	*áynu* ↑
	derrière	POSS	montagne	Kujur	2SG	voir

« Derrière le mont Kujur, tu vois ? »

– *ben* « entre, parmi »

L'adverbe *ben* dérive de l'arabe soudanais **bēn* « entre, parmi ». En AJ, *ben* suit systématiquement le verbe qu'il modifie et précède toujours un syntagme nominal.

(22)	*úmon*	*jíbu*	*lagbáta*	*ben*	*nas*	*tánna*	*de*
	3PL	amener	confusion	entre	gens	POSS.1PL	PROX.SG

« Ils ont jeté la confusion parmi les nôtres. »

– *bejáy* « par là »

L'adverbe déictique *bejáy* dérive de l'adverbe prépositionnel **be=jāy* « par-là » de l'arabe soudanais. Il suit toujours le verbe qu'il modifie.

(23) *géni téhet bejáy*
rester en_dessous par_là
« Assis-toi par là. »

– *behenák* « par là-bas »

L'adverbe déictique *behenák* dérive de l'adverbe prépositionnel **be=henāk* « par là-bas » de l'arabe soudanais et suit toujours le verbe qu'il modifie.

(24) *máta rówa behenák*
PROH.2SG aller par_là-bas
« Ne va pas par là-bas. »

8.1.2. Les adverbes de temps

Les adverbes de temps apportent un cadre temporel. À la différence des adverbes de lieu qui suivent généralement l'élément qu'ils modifient, les adverbes de temps sont moins contraints sur le plan syntaxique puisqu'ils ont généralement une portée phrastique. Les principaux adverbes de temps de l'AJ peuvent être résumés comme suit :

– *hása* « maintenant »

L'adverbe *hása* (avec sa variante *hási*) dérive de l'arabe soudanais **ḥassa* (avec sa variante **ḥassi*) « maintenant » et peut précéder (25) ou suivre la phrase qu'il modifie (26).

(25) *hási šókol zátu bíga fi fi=júba*
maintenant travail CONTR devenir EXS dans=Juba
« Maintenant, il y a du travail à Juba. »

(26) *úmon g=wónusu árabi ta kartúm hása*
3PL NPONC=discuter arabe POSS Khartoum maintenant
« Maintenant, ils parlent l'arabe de Khartoum. »

La référence temporelle au présent impliquée par *hása* « maintenant » est souvent emphatisée par le déterminant démonstratif proximal *de* (*cf.* 3.10.1.) comme on peut le voir dans l'exemple suivant :

(27) _lakín hási de úmon dákalu fógo rendók_
mais maintenant PROX.SG 3PL insérer y.ANAPH argot
« Mais maintenant, ils y ont intégré de l'argot (dans l'arabe de Juba). »

– _aléla_ « aujourd'hui »

L'adverbe _aléla_ dérive de l'arabe soudanais *_allēla_ « aujourd'hui » et peut précéder (28) ou suivre la phrase qu'il modifie (29).

(28) _aléla ána rówa fi=suk_
aujourd'hui 1SG aller dans=marché
« Aujourd'hui, je suis allé au marché. »

(29) _íta gum kef aléla_ ↓
2SG se_lever comment aujourd'hui
« Comment vas-tu aujourd'hui ? »

La référence temporelle de _aléla_ peut être aussi emphatisée par le déterminant démonstratif proximal _de_.

(30) _abigó bíga jián aléla de_
lion devenir affamé aujourd'hui PROX.SG
« Le lion est devenu affamé aujourd'hui. »

– _búkra_ « demain »

L'adverbe _búkra_ dérive de l'arabe soudanais *_bukra_ « demain » et peut précéder (31) ou suivre le verbe qu'il modifie (32).

(31) _ásed gále kalás búkra nína bi=gúm_
lion dire définitivement demain 1PL IRR=se_lever
« Le lion a dit : ça y est, nous partons demain. »

(32) _ládo bi=gúm búkra min=marídi_
Lado IRR=se_lever demain de=Maridi
« Lado va partir demain de Maridi. »

– _umbári_ « hier »

L'adverbe _umbári_ dérive de l'arabe soudanais *_ambāriḥ_ « hier » et peut précéder (33) ou suivre la phrase qu'il modifie (34).

(33) _umbári nína rówa fi=bét to_
hier 1PL aller dans=maison POSS.3SG
« Hier, nous sommes allés dans sa maison. »

(34) _ána ákudu súra ta zol de umbári_
1SG prendre image POSS homme PROX.SG hier
« J'ai pris une photographie de cet homme hier. »

– *badák* « après »

L'adverbe *badák* dérive de l'arabe soudanais **ba'dāk* « après » et peut précéder (35) ou suivre la phrase qu'il modifie (36)[43].

(35) *rija héna badák*
revenir ici après
« Reviens ici après. »

(36) *badák nína b=ámulu šenú* ↓
peu_après 1PL IRR=faire quoi
« Que ferons-nous après ? »

– *badén* « ensuite »

L'adverbe *badén* dérive de l'arabe soudanais **ba'dēn* « ensuite » et peut précéder (37) ou suivre la phrase qu'il modifie (38).

(37) *badén ána bi=dúgu íta telefón*
ensuite 1SG IRR=frapper 2SG téléphone
« Je vais t'appeler plus tard. »

(38) *nína b=ákulu badén fi=šária*
1PL IRR=manger ensuite dans=rue
« Nous mangerons ensuite en chemin. »

– *gábli kéda* « auparavant »

L'adverbe composé *gábli kéda* est constitué par la préposition *gábli* « avant » et l'adverbe de manière *kéda* « comme ça » (*cf.* 8.1.3.). Il peut suivre (39) ou précéder le verbe qu'il modifie (40).

(39) *ána ma árif árabi gábli kéda*
1SG NEG savoir arabe avant comme_ca
« Je ne connaissais pas l'arabe auparavant. »

(40) *jek de gábli kéda kan g=ámulu hája de*
mec.ARG PROX.SG avant comme_ça ANT NPONC=faire chose PROX.SG
« Ce mec faisait ce travail auparavant. »

– *bédri* « tôt »

L'adverbe *bédri* dérive de l'arabe soudanais **badri* « tôt » et il suit toujours la phrase qu'il modifie.

---

43 Par ailleurs, on retrouve aussi l'adverbe *báad* « après » correspondant à l'arabe soudanais **ba'ad* « après » qui apparaît toujours en combinaison avec des substantifs pour mesurer des intervalles de temps (ex. *báad tálata yom* « après trois jours »).

(41) *ána gi=fáta dukán tái bédri*
1SG NPONC=ouvrir magasin POSS.1SG tôt
« J'ouvre mon magasin tôt. »

– *leábat* « pour toujours »

L'adverbe *leábat* dérive de l'adverbe prépositionnel **le=abadan* « pour l'éternité » de l'arabe soudanais, il suit toujours la phrase qu'il modifie.

(42) *ána bi=híbu íta leábat*
1SG IRR=aimer 2SG pour_toujours
« Je t'aimerai éternellement. »

– *zamán* « autrefois, il y a longtemps »

L'adverbe *zamán* dérive du substantif **zamān* « passé » de l'arabe soudanais et peut précéder (43) ou suivre la phrase qu'il modifie (44)[44].

(43) *zamán árabi juba kan gi=wonusú kéda*
autrefois arabe Juba ANT NPONC=parler\PASS comme_ça
« Il y a longtemps, l'arabe de Juba était parlé comme ça. »

(44) *maser-ín kan rówa henák zamán*
Égyptien-PL1 ANT aller là-bas autrefois
« Il y a longtemps, les Égyptiens sont allés là-bas. »

8.1.3. Les adverbes de manière

Les adverbes de manière décrivent la façon dont un état de fait se produit. Comme nous le montrerons, un nombre important d'adverbes de manière dérive d'un adjectif. En synchronie, ils fonctionnent comme des adjectifs adverbiaux. De la même façon que les adverbes de lieu, les adverbes de manière apparaissent après l'élément qu'ils modifient. Nous relevons ici les principaux adverbes de manière de l'AJ :

– *kéda* « comme ça »

L'adverbe *kéda* dérive de l'adverbe **keda/kida* « comme ça » de l'arabe soudanais. Il a une portée phrastique et suit toujours la phrase qu'il modifie.

---

[44] A ce propos, il faut remarquer que l'arabe soudanais peut aussi utiliser le substantif **zamān* « temps » avec le sens adverbial de « il y a longtemps ».

(45) *úmon bi=rówa álabu kúra kéda*
3PL IRR=aller jouer ballon comme_ça
« Ils vont jouer au football comme ça. »

Il n'est pas rare que *kéda* soit suivi pas l'adverbe de degré *bes* « seulement » (*cf.* 8.1.4.), comme c'est le cas pour l'exemple suivant :

(46) *héla kéda bes*
quartier comme_ça seulement
« Un quartier juste comme ça. »

– *zey de* « comme ça »

L'adverbe composé *zey de* est constitué par *zey* « comme » et le démonstratif proximal *de* (*cf.* 3.10.1.). À la différence de *kéda, zey de* n'a pas une portée phrastique. Par conséquent, il suit toujours le verbe (47) ou le nom (48) qu'il modifie. Son emploi est souvent accompagné par des gestualités mimétiques.

(47) *máta ámulu zey de*
PROH.2SG faire comme PROX.SG
« Ne fais pas comme ça. »

(48) *kúbri de éndu gídu zey de*
pont PROX.SG avoir trou comme PROX.SG
« Ce pont a un trou comme ça. »

zey « comme » peut être aussi employé comme préposition devant un nom comme on peut le voir dans l'exemple suivant :

(49) *anína gi=wónusu zey maser-ín*
1PL NPONC=discuter comme Égyptien-PL2
« On parle comme les Égyptiens. »

– *kwes* « bien »

kwes dérive de l'adjectif adverbial **kwayyis* « bon, bien » de l'arabe soudanais. Comme dans sa langue lexificatrice, en AJ, *kwes* exprime une valeur adjectivale. Il suit alors un nom avec lequel il peut s'accorder en nombre (*cf.* 3.16.) comme on peut le voir en (50-51).

(50) *kalám to ma kwes*
discours POSS.3SG NEG bien
« Son discours n'est pas bon. »

(51) *nas del kwes-ín*
gens PROX.PL bien-PL1
« Ces gens sont gentils. »

Cependant, dans la plupart des cas *kwes* suit un verbe et a le sens adverbial de « bien » comme on peut le voir dans les exemples (52-53).

(52) *íta b=ágder fáhim kwes*
2SG IRR=pouvoir comprendre bien
« Tu peux bien comprendre. »

(53) *róbutu hábil de kwes*
nouer corde PROX.SG bien
« Noue bien cette corde. »

– *baráu* « tout seul »

L'adverbe *baráu* dérive de la locution adjectivale **barā=uh* « seul=3SG.M » de l'arabe soudanais. En AJ, *baráu* peut fonctionner comme un adjectif quand il suit un nom, avec le sens de « différent, distinct ».

(54) *kílma de mána to baráu*
mot PROX.SG sens POSS.3SG seul
« Ce mot, son sens est diffèrent. »

Toutefois, *baráu* peut aussi fonctionner comme un adverbe avec une portée verbale comme on peut le voir dans les exemples suivants :

(55) *úo wága baráu*
1PL tomber seul
« Il est tombé tout seul. »

(56) *ána bi=rówa baráu*
3SG IRR=aller seul
« Je vais aller tout seul. »

– *sáwa* « ensemble »

L'adverbe *sáwa* dérive de l'adverbe **sawa* « ensemble » de l'arabe soudanais et suit toujours le verbe qu'il modifie.

(57) *nína ja sáwa*
1PL venir ensemble
« Nous sommes venus ensemble. »

– *beráh(a)* « doucement, lentement »

L'adverbe *beráh(a)* dérive du syntagme prépositionnel **bi=rāḥa* « avec calme » de l'arabe soudanais et suit toujours le verbe qu'il modifie.

(58) *malú íta g=wónusu beráha ke* ↓
pourquoi 2SG NPONC=discuter doucement comme_ça
« Pourquoi tu parles si lentement ? »

– *guwám* « vite »

L'adverbe *guwám* dérive du substantif **guwwa* « force » de l'arabe soudanais et suit toujours le verbe qu'il modifie.

(59) *taál guwám*
venir.IMP vite
« Viens vite.»

– *adíl* « directement, immédiatement »

L'adverbe *adíl* dérive de l'adjectif **'adīl* « droit » de l'arabe soudanais. En AJ, *adíl* est employé exclusivement comme adverbe de manière et suit toujours le verbe qu'il modifie.

(60) *úmon bi=dérisu íta adíl*
3PL IRR=instruire 2SG directement
« Ils vont t'instruire immédiatement. »

– *batál* « gravement, sérieusement »

batál dérive de l'adjectif **battāl* « méchant » de l'arabe soudanais. En AJ, *batál* peut exprimer une valeur adjectivale quand il modifie une tête nominale.

(61) *al kan batál ja gílib bíga kwes*
REL ANT mal venir tourner devenir bien
« Celui qui était méchant, il a changé et il est devenu gentil. »

Cependant, dans la plupart des cas, *batál* est employé comme un adverbe avec une portée phrastique signifiant « gravement, sérieusement ».

(62) *senké gi=kátulu nas batál*
Senké NPONC=tuer gens mal
« (Les motos) Senké tuent les gens méchamment. »

– *sákit* « tout simplement, sans raison »

L'adverbe *sákit* dérive du participe actif **sākit* du verbe « se taire » de l'arabe soudanais. D'une manière similaire à sa langue lexificatrice, l'AJ utilise *sákit* comme un adverbe de manière avec une portée phrastique comme on peut le voir dans l'exemple suivant :

(63) *úmon gi=rúmba bob sákit*
3PL NPONC=manger.ARG argent.ARG simplement
« Ils volent l'argent tout simplement. »

– *sámbala* « bêtement, avec négligence »

L'étymologie de l'adverbe *sámbala* est inconnue. En AJ, *sámbala* est un adverbe de manière qui suit systématiquement le verbe qu'il modifie.

(64) *mátakum wónusu sámbala*
PROH.2PL discuter bêtement
« Ne parlez pas bêtement. »

– *náman behenák* « extraordinairement »

L'adverbe composé *náman behenák* est constitué par la préposition *náman* « jusqu'à » et l'adverbe de lieu *behenák* « par là-bas » (*cf.* 8.1.1.). Il a une portée phrastique et il suit toujours la phrase qu'il modifie.

(65) *úmon g=wónusu árabi náman behenák*
3PL NPONC=discuter arabe extraordinairement
« Ils parlent l'arabe (de Juba) d'une façon extraordinaire. »

– *kalás* « définitivement »

L'adverbe *kalás* dérive de l'arabe soudanais **xalāṣ*. L'adverbe *kalás,* syntaxiquement libre, peut précéder le verbe qu'il modifie (66) ou apparaitre en position finale (67) en insistant sur l'aspect accompli du verbe (*cf.* 5.4.8.).

(66) *ána ja ligó barnámaj tómon kalás báda*
1SG venir trouver programme POSS.3PL définitivement commencer
« Je suis arrivé quand leur programme était définitivement commencé. »

(67) *úo bíga árif rután ta nas del kalás*
3SG devenir savoir patois POSS gens PROX.PL définitivement
« Il a définitivement appris le patois de ces gens. »

8.1.4. Les adverbes de degré

Les adverbes de degré décrivent le degré ou l'intensité avec laquelle un état de fait se produit. La plupart des adverbes de degré de l'AJ dérivent d'un adjectif et ils peuvent être résumés comme suit :

– *šedíd* « très, beaucoup »

L'adverbe de degré *šedíd* dérive de l'adjectif **šedīd* « fort » de l'arabe soudanais. En AJ, *šedíd* intensifie l'état décrit par un adjectif (68) ou l'action décrite par le verbe (69). Il suit toujours l'élément qu'il modifie.

(68) *bámba de hílu šedíd*
fille.ARG PROX.SG beau beaucoup
« Cette fille est très belle. »

(69) *ána gi=híbu úo šedíd*
1SG NPONC=aimer 3SG beaucoup
« Je l'aime beaucoup. »

– *ketír* « beaucoup »

ketír dérive de l'arabe soudanais **katīr* « beaucoup » et il est employé comme synonyme de *šedíd* « beaucoup » pour intensifier l'action décrite par un verbe. *ketír* suit toujours le verbe qu'il modifie en insistant sur la durée de l'action décrite.

(70) *úo géni ketír fi=gába henák*
3SG rester beaucoup dans=forêt là-bas
« Il a vécu lontemps là-bas dans la forêt. »

– *sehí* « bien, parfaitement »

sehí dérive de l'adjectif **ṣaḥīh* « vrai, correct » de l'arabe soudanais. En AJ, *sehí* peut être utilisé comme un adjectif pour modifier un nom comme on peut le voir dans l'exemple suivant :

(71) *kalám to de sehí*
discours POSS.3SG PROX.SG correct
« Son discours est correct. »

Utilisé comme adverbe, *sehí* permet d'intensifier l'action décrite par un verbe. Dans ce cas, il suit toujours le verbe qu'il modifie.

(72) *ána árif úo sehí*
1SG savoir 3SG correct
« Je le connais parfaitement. »

– *šwéya* « (un) peu »

šwéya (avec sa variante *šía*) dérive de l'arabe soudanais **šweya* et il est utilisé comme un adverbe de degré pour limiter l'intensité de l'action décrite par un verbe (73) ou de l'état décrit par un adjectif (74).

(73) *ána ja wónusu ma=úo šwéya kéda*
1SG venir discuter avac=3SG peu comme_ça
« Je suis venu lui parler un peu, comme ça. »

(74) *hája de bíga sáab šwéya*
chose PROX.SG devenir difficile peu
« Cette histoire est devenue un peu compliquée. »

– *besít* « (un) peu »

besít dérive de l'adjectif **basīṭ* « simple » de l'arabe soudanais. En AJ, *besít* peut aussi être utilisé comme un adjectif pour modifier un nom.

(75) *yála úmon gi=dérisu be=árabi al besít*
ensuite 3PL NPONC=enseigner par=arabe REL simple
« Alors ils enseignent en utilisant un arabe simple. »

Toutefois, *besít* est plus souvent utilisé comme synonyme de *šwéya* « un peu » pour limiter l'intensité de l'action décrite par un verbe comme on peut le voir dans l'exemple suivant :

(76) *ána g=ákulu besít*
1SG NPONC=manger simple
« (Habituellement) je mange peu. »

– *kamán* « aussi, également »

kamán dérive de l'adverbe de l'arabe soudanais **kamān* « aussi, également » et il a une portée phrastique dans des phrases verbales (77) ou nominales (78).

(77) *nas del héna wósulu kamán bilél*
gens PROX.PL ici arriver aussi de_nuit
« Ces gens-là sont arrivés également de nuit. »

(78) *yála fi hája táni kamán*
ensuite EXS chose deuxième aussi
« Puis, il y a une autre chose aussi. »

– *bes* « seulement, seul »

L'adverbe *bes* dérive de l'arabe soudanais **bass* « seulement, seul » et il restreint l'action décrite par un verbe (79) ou la quantité d'un référent nominal (80).

(79) *úo gi=góha bes min=gubár*
3SG NPONC=tousser seulement de=poussière
« Il tousse seulement à cause de la poussière. »

(80) *kélib de mána to giné bes*
chien.ARG PROX.SG sens POSS.3SG livre seulement
« (Le mot) chien désigne un billet d'une livre (en argot). »

– *kúlu~kúlu* « du tout »

L'adverbe *kúlu~kúlu* est dérivé par réduplication de l'adjectif *kúlu* « tout ». Il a une portée phrastique exclusivement dans des contextes négatifs.

(81) *ána ma b =ábger ligó šókol kúlu~kúlu*
1SG NEG IRR=pouvoir trouver travail du_tout
« Je n'arrive pas du tout à trouver un travail. »

8.1.5. La réduplication adverbiale

La réduplication adverbiale est particulièrement productive comparée à la réduplication nominale (*cf.* 3.4.) et verbale (*cf.* 4.3.3.). Sur le plan morphologique, la réduplication adverbiale est totale, par conséquent, elle met en jeu la copie de la totalité d'un adverbe. Sur le plan sémantique, la réduplication est essentiellement utilisée pour intensifier les adverbes de manière et de degré comme on peut le voir dans les exemples suivants :

(82) *banát bi=rákabu ákil guwám~guwám*
fille.PL IRR=cuisiner nourriture vite~vite
« Les filles vont préparer la nourriture à toute vitesse. »

(83) *ána bíga zalán sehí~sehí*
1SG devenir fâché correct~correct
« Je me suis beaucoup fâché. »

(84) *íta bágder fáhim úo šwéya~šwéya yáni*
3SG pouvoir comprendre 3SG peu~peu c'est-à-dire
« Tu peux le comprendre un tout petit peu, en fait. »

La réduplication adverbiale peut aussi impliquer un glissement sémantique sans changement de classe lexicale, comme c'est le cas pour l'adverbe de manière *sáwa* « ensemble » qui acquiert le sens distributif de « équitablement, de la même façon » quand il est redupliqué, comme on peut le voir en (85).

(85) *gísim gurús de sáwa~sáwa*
diviser argent PROX.SG ensemble~ensemble
« Partage équitablement cet argent. »

Enfin, dans une minorité de cas, la réduplication adverbiale implique un changement de classe lexicale, comme c'est le cas pour l'adverbe de manière *baráu* « seul » qui est réinterprété avec le sens adjectival de « diffèrent, divers » quand il est rédupliqué.

(86) *gabil-át tánna baráu~baráu*
tribu-PL1 POSS.1PL seul~seul
« Nos tribus sont différentes. »

8.2. Les marqueurs du discours

Les marqueurs du discours constituent une classe fermée d'éléments énonciatifs extraphrastiques, morphologiquement invariables et prosodiquement isolés. À la différence des adverbes, les marqueurs du discours ne peuvent pas modifier d'autres classes lexicales, mais ils jouent à l'évidence une fonction importante dans l'enchaînement syntaxique et la cohérence discursive. Tous les marqueurs du discours de l'AJ ont un étymon arabe.

– *fa* « donc »

Le marqueur *fa* dérive de l'arabe soudanais **fa* « donc, alors » et il joue une fonction logique de connecteur conséquentiel entre deux propositions. *fa* apparaît entre les deux propositions qu'il connecte. Sur le plan prosodique, il est toujours isolé et il correspond à une unité intonative mineure comme on peut le voir en (87-88).

(87) *ána kélim gále / áwal mára ána ja héna //*
1SG parler dire premier fois 1SG venir ici
fa / ána ma árif zol //
donc 1SG NEG connaître homme
« J'ai dit : c'est la première fois que je viens ici, donc, je ne connais personne. »

(88) *mobitél / šábaka mar-át fi=júba káab //*
Mobitel réseau fois-PL1 dans=Juba mauvais
fa / úma tái / ána bíu le=úo sudáni //
donc mère POSS.1SG 1SG acheter à=3SG Sudani
« (La puce de la compagnie) Mobitel, de temps en temps, le réseau est mauvais à Juba, donc, ma mère, je lui ai acheté (une puce) Sudani. »

– *almihím* « bref »

Le marqueur *almihím* dérive du syntagme adjectival **al=muhimm* « DEF=important » de l'arabe soudanais. En AJ, *almihím* est généralement utilisé pour réduire le sens de la proposition qui le précède en introduisant la proposition qui le suit. Sur le plan prosodique, *almihím* est toujours isolé et il correspond à une unité intonative mineure.

(89) *zol de ísim to tatamá // min=awlád ta*
homme PROX.SG nom POSS.3SG Tatama de=fils.PL POSS
moró // almihím / tatatmá de kamán gi=géni henák //
Moró bref Tatama PROX.SG aussi NPONC=rester là-bas
« Cet homme s'appelle Tatama, de la tribu des Moro, bref Tatama aussi habite là-bas. »

– *félan* « en fait »

félan dérive de l'adverbe de manière **fi'lan* « réellement, en fait » de l'arabe soudanais. En AJ, *félan* est syntaxiquement libre et il établit un lien entre une proposition et la situation discursive générale. D'un point de vue prosodique, *félan* peut correspondre à une unité intonative mineure (90) ou peut être intégré dans une unité intonative majeure (91).

(90) *ána / félan / rówa kartúm //*
1SG en_fait aller Khartoum
« Au fait, je suis allé à Khartoum. »

(91) *fi félan láyba g=álabu kúra kwes //*
EXS en_fait joueur.PL NPONC=jouer ballon bien
« Il y a effectivement de bons joueurs de football. »

– *másalan* « par exemple »

Le marqueur *másalan* dérive de l'arabe soudanais **masalan* « par exemple » et il est employé pour insister sur la portée d'exemple que revêt une proposition. Il est syntaxiquement libre et prosodiquement isolé comme on peut le voir dans les exemples suivants :

(92) *kan íta / másalan / b=ágra sabá / úo b=ágra bilél //*
COND 2SG par_exemple IRR=étudier matin 3SG IRR=étudier de_nuit
« Si, par exemple, tu étudies le matin, lui étudie le soir. »

(93) *másalan / zey árabi ta juba de //*
par_exemple comme arabe POSS Juba PROX.SG
« Par exemple, comme l'arabe de Juba. »

– *tában* « évidemment »

Le marqueur *tában* dérive de l'adverbe de manière **ṭab'an* « naturellement, évidemment » de l'arabe soudanais. En AJ, *tában* est utilisé pour renforcer l'évidentialité d'une proposition. Il est syntaxiquement libre et, sur le plan prosodique, il peut correspondre à une unité intonative mineure (94) ou être intégré dans une unité intonative majeure (95).

(94) *tában / íta árif harak-át tómon //*
évidemment 2SG savoir action-PL1 POSS.3PL
« Évidemment, tu connais leurs stratégies. »

(95) *úo tában ikisái henák //*
3SG évidemment chirurgien là-bas
« Il est bien chirurgien là-bas. »

– *yáni* « c'est-à-dire, en fait »

Le marqueur *yáni* dérive de l'arabe soudanais **ya'ni* « ça veut dire, c'est-à-dire ». Comme dans sa langue lexificatrice, l'AJ utilise *yáni* pour connecter deux propositions en insistant sur le fait que la proposition qui le suit fournit une information complémentaire à celle exprimée par la précédente. *yáni* apparaît généralement entre les deux propositions qu'il connecte et il correspond à une unité intonative mineure.

(96) *ána éndu múškila ma=jamá del //*
1SG avoir problème avec=groupe PROX.PL
yáni / íta árif úmon g=ámulu šenú //
c'est-à-dire 2SG savoir 3PL NPONC=faire quoi
« J'ai un problème avec ces gens, c'est-à-dire, tu connais ce qu'ils font. »

(97) *yála kalám táni / yáni/ mustešfa-yát*
ensuite discours deuxième c'est-à-dire hôpital-PL1
ta juba ma fógo ey hája //
POSS Juba NEG y.ANAPH chaque chose
« Ensuite, il y a un autre problème, c'est-à-dire, il n'y a rien dans les hôpitaux de Juba. »

Dans quelques occurrences, *yáni* apparaît après les deux propositions qu'il connecte. Dans ce cas, il correspond à une unité intonative majeure comme on peut le voir dans l'exemple suivant :

(98) *núbi del géni héna min=zamán //*
Nubi PROX.PL rester ici de=autrefois
úmon kamán éndu terík gedím šwéya / yáni //
3PL aussi avoir histoire ancien peu c'est-à-dire
« Les Nubi habitent ici depuis longtemps. C'est-à-dire, ils ont aussi une histoire plus ou moins longue. »

– *waláhi* « pour de vrai, vraiment »

L'interjection *waláhi* dérive de l'interjection **waḷḷahi* « par dieu » de l'arabe soudanais. En AJ, *waláhi* est utilisé pour renforcer la véracité de la proposition qui le suit. *waláhi* est toujours prosodiquement isolé et il correspond à une unité intonative mineure.

(99) *waláhi / júba séme náman behenák//*
pour_de_vrai Juba beau extraordinairement
« Bien évidemment, Juba est extraordinairement belle. »

(100) *waláhi / de áhsan hája //*
pour_de_vrai PROX.SG meilleur chose
« C'est vraiment la meilleure chose (à faire). »

8.3. Les idéophones

Les idéophones constituent une classe de lexèmes fermée et morphologiquement invariable. D'un point de vue fonctionnel, les idéophones ne constituent pas un syntagme en soi car ils intensifient toujours un adjectif. L'AJ présente un nombre assez restreint d'idéophones dérivés de l'arabe soudanais qui modifient surtout des adjectifs de couleur comme on peut le voir dans les exemples suivants :

(101) *hámer tang*
rouge IDEOPH
« Rouge intense. »

(102) *ábyad bang*
blanc IDEOPH
« Blanc éblouissant. »

(103) *ásfar kar*
jaune IDEOPH
« Jaune éclatant. »

Bien que les idéophones présentent un haut dégrée de spécialisation sémantique, le même adjectif peut être modifié par deux idéophones différents comme dans le cas de *jedíd* « nouveau » dans les exemples (104-105).

(104) *jedíd leng*
nouveau IDEOPH
« Très nouveau. »

(105) *jedíd kurt*
nouveau IDEOPH
« Très nouveau. »

9. NÉGATION, INTERROGATION ET FOCALISATION

Dans ce dernier chapitre, nous analyserons les principales modalités d'énonciation pragmatiquement marquées de l'AJ. En premier lieu, nous décrirons la morphosyntaxe de l'énonciation déclarative négative en contexte verbal et non verbal. Ensuite, nous analyserons les configurations morphosyntaxiques et prosodiques des énoncés interrogatifs pour enfin présenter l'encodage de différents types d'énoncés focalisés.

9.1. LA NÉGATION

9.1.1. La négation verbale

En contexte verbal, le noyau d'un énoncé déclaratif négatif est représenté par le marqueur *ma* (glosé NEG) qui dérive de l'arabe soudanais **mā*. Comme nous l'avons déjà remarqué (*cf.* 2.4.1. ex. 62), *ma* peut être opposée à la préposition comitative *ma=* (*cf.* 6.5.4.) sur la base du fait qu'il est toujours associé à un accent de hauteur et, par conséquent, il n'est jamais cliticisé. En contexte verbale, *ma* est placé entre le sujet et le verbe. Ce dernier peut apparaître dans sa forme non marqué (1) ou peut être précédé par les marques préverbales *gi=* (2) et *bi=* (3).

(1) *ána ma árif úmon gi=rówa ámulu šenú*
1SG NEG savoir 3PL NPONC=aller faire quoi
« Je ne sais pas ce qu'ils vont faire. »

(2) *íta ma b=ágder fútu mahál táni*
2SG NEG IRR=pouvoir passer lieu deuxième
« Tu ne peux pas aller ailleurs. »

(3) *watá ma gi=néšif*
terrain NEG NPONC=sécher
« Le terrain ne sèche pas. »

Si le marqueur négative *ma* apparaît dans des constructions auxiliaires, il est placé entre le verbe auxiliaire et le verbe auxilié comme on peut le voir dans l'exemple suivant avec l'auxiliaire d'inchoativité *bíga* (*cf.* 5.4.4.) :

(4) *úo bíga ma éndu fadía*
3SG devenir NEG avoir honte
« Il n'a plus honte. »

La négation verbale peut être renforcée par l'adverbe de degré rerdupliqué *kúlu~kúlu* « du tout » (*cf.* 8.1.4. ex. 81) placé en fin d'énoncé.

(5) *úo ma gi=fáhim kúlu~kúlu*
3SG NEG NPONC=comprendre du_tout
« Il ne comprend pas du tout. »

Enfin, en ce qui concerne la négation des énoncés impératifs, l'AJ a grammaticalisé une conjugaison prohibitive innovante sur la base de la séquence constituée de *ma* et des pronoms personnels de deuxième personne (*cf.* 5.6.4.).

9.1.2. La négation non-verbale

En contexte non-verbal, on distingue deux types d'énoncés négatifs en fonction de leur portée, prédicationelle ou existentielle. Pour ce qui est de la négation prédicationelle, elle est exprimée au moyen de *ma* placé entre la tête nominale et son prédicat.

(6) *ána ma wéwe*
1SG NEG immigré_ougandais
« Je ne suis pas un immigré ougandais. »

(7) *mahál de ma beíd min=kombóni henák*
lieu PROX.SG NEG loin de=Comboni là-bas
« Ce lieu n'est pas loin de (l'école) Comboni là-bas. »

La négation prédicationelle en série se fait selon le même mode qu'en contexte verbal (*cf.* 7.2.3. ex. 12) : le premier prédicat est nié par *ma* tandis que les autres par la conjonction disjonctive *wéle* « ou, soit ».

(8) *zol de ma kebír wéle sukér*
homme PROX.SG NEG grand ou petit
« Cet homme n'est ni grand ni petit. »

Pour la négation existentielle, l'AJ utilise la copule négative *máfi* (glosée NEG.EXS) qui dérive de l'arabe soudanais **mā=fī* NEG=EXS. De manière générale, *máfi* suit les mêmes règles syntaxiques que son équivalent positif *fi* (*cf.* 6.1.1.). Dès lors, *máfi* peut soit précéder (9) soit suivre (10) le sujet de l'énoncé négatif.

(9) *ána kélim gále kalás kwes máfi awája*
1SG parler dire définitivement bon NEG.EXS souci
« J'ai dit : ok, il n'y a pas de souci. »

(10) *madáris máfi*
école.PL NEG.EXS
« Il n'y a pas d'école. »

En outre, *máfi* peut se combiner avec les auxiliaires *kan* (*cf.* 5.4.1.) et *bikún* (*cf.* 5.4.2.) pour exprimer respectivement une négation existentielle au passé (11) et au futur (12).

(11) *lofréga kan máfi*
louche_en_bois ANT NEG.EXS
« Il n'y avait pas de louche en bois. »

(12) *úo bikún máfi*
3SG FUT NEG.EXS
« Il ne sera pas là. »

9.1.3. La négation absolue

La négation absolue est exprimée au moyen du marqueur *la* qui dérive de l'arabe soudanais **lā'* « non ». *la* apparaît comme un élement isolé constituant une seule unité intonative majeure soit comme réponse à une question totale (13, *cf.* 9.2.1.1.), soit dans le discours rapporté (14, *cf.* 7.3.5.).

(13) *hal íta rówa fi=súk* ↑
Q.TOT 2SG aller dans=marché
« Est-ce que tu es allé au marché ? »
la // ána ma rówa //
non 1SG NEG aller
« Non. Je n'y suis pas allé. »

(14) *úo rúdu gále / la //*
3SG répondre dire non
« Il a répondu : non ! »

Les trois marqueurs négatifs de l'AJ peuvent être résumés comme suit :

Forme	Sémantique
ma	négation verbale négation prédicationelle
máfi	négation existentielle
la	négation absolue

Tableau 17. Les marqueurs de négation

9.2. L'INTERROGATION

On distingue trois types principaux d'énoncés interrogatifs : l'interrogation totale, l'interrogation partielle et la question tag. En l'absence de changement d'ordre des mots, les trois modalités d'énonciation négative peuvent être distinguées sur une base prosodique et/ou morphologique.

9.2.1. L'interrogation totale

L'interrogation totale porte sur tout l'énoncé et appelle une réponse avec une portée absolue telle que « oui » ou « non ». L'AJ distingue deux types d'interrogation totale : l'interrogation totale positive et l'interrogation totale négative. Ces deux types d'énoncés présentent les mêmes contours prosodiques. Cependant ils sont marqués par des morphèmes d'interrogations différents.

9.2.1.1. L'interrogation totale positive

L'interrogation totale positive est marquée de deux façons différentes. Un énoncé interrogatif total peut être distingué par rapport à un énoncé déclaratif par la seule intonation ascendante culminant sur sa dernière syllabe comme on peut le voir dans l'exemple suivant :

(15) *íta ákulu aléla* ↑
2SG manger aujourd'hui
« Est-ce que tu as mangé aujourd'hui ? »

(16) *íta ákulu aléla* ↓
2SG manger aujourd'hui
« Tu as mangé aujourd'hui. »

Cependant, dans la majorité des cas, l'interrogation totale positive est marquée par *hal* (glosé Q.TOT) qui dérive de la marque interrogative de l'arabe soudanais **hal.* En AJ, *hal* apparaît en début d'énoncé interrogatif en combinaison avec une intonation ascendante comme c'est le cas pour les exemples (17-18).

(17) *hal íta b=ágder húmu* ↑
Q.TOT 2SG IRR=pouvoir nager
« Est-ce que tu es capable de nager ? »

(18) *hal rután de ja min=árabi* ↑
Q.TOT patois PROX.SG venir de=arabe
« Est-ce que ce patois dérive de l'arabe ? »

Quand la portée d'une interrogation totale positive est restreinte au moyen de la conjonction disjonctive *wéle* « ou » (*cf.* 7.2.3.), la première partie de la question est marquée par une intonation ascendante, tandis que la deuxième par une intonation descendante :

(19) *hal íta gi=híbu úo* ↑ *wéle ma gi=híbu* ↓
Q.TOT 2SG NPONC=aimer 3SG ou NEG NPONC=aimer
« Est-ce que tu l'aimes ou pas ? »

9.2.1.2. L'interrogation totale négative

Comme l'interrogation totale positive, l'interrogation totale négative est caractérisée par une intonation ascendante. Néanmoins, elle est introduite par la marque interrogative négative *músu* qui est le résultat d'une réanalyse sémantique de la marque **muš* de l'arabe soudanais[45]. Sur le plan syntaxique, *músu* apparaît en général en tête d'énoncé.

---

[45] A ce propos, il faut remarquer que, à la difference des autres dialectes arabes, *muš* en arabe soudanais ne marque pas une négation prédicationelle mais se limite au marquage de question-tag comme on peut le voir dans l'exemple suivant :
di uxt=ak // muš ↑
PROX.SG sœur=2SG.M Q.TAG
« Celle-ci est ta sœur, n'est-ce pas ? »

(20) *músu ána kélim gále zol de šen* ↑
Q.NEG 1SG parler dire homme PROX.SG laid
« N'ai-je pas dit que cet homme est laid ? »

Mais il peut aussi être inséré entre le sujet et le verbe de l'énoncé interrogatif.

(21) *íta músu kan g=ásma gúna de* ↑
2SG Q.NEG ANT NPONC=écouter chanson PROX.SG
« N'étais-tu pas en train d'écouter cette chanson ? »

9.2.2. L'interrogation partielle

L'interrogation partielle porte sur un seul constituant de l'énoncé interrogatif, celui qui est présenté comme étant non connu, les autres constituants de l'énoncé correspondant à des informations présupposées. Le constituant non connu est la variable sur laquelle porte la demande d'information exprimée au moyen des adverbes et des pronoms interrogatifs. De manière générale, l'interrogation partielle se caractérise par une intonation descendante

9.2.2.1. L'interrogation partielle adverbiale

L'expression de l'interrogation partielle adverbiale est basée sur l'emploi des adverbes interrogatifs suivants :

– *malú* « pourquoi ? »
L'adverbe interrogatif *malú* est le résultat de la réanalyse sémantique du syntagme interrogatif **māl=ú* « qu'est-ce que=3SG.M » de l'arabe soudanais qui, à son tour, dérive de la grammaticalisation du syntagme **mā l=uh* « quoi à=3SG.M ». En AJ, *malú* peut se trouver en tête d'énoncé (22) ou immédiatement après le sujet (23).

(22) *malú íta der ágara fi=jáma* ↓
pourquoi 2SG NEG vouloir étudier dans=université
« Pourquoi tu ne veux pas étudier à l'université ? »

(23) *ítakum malú ma g=ákulu ma=ánna* ↓
2PL pourquoi NEG NPONC=manger avec=1PL
« Pourquoi vous ne mangez pas avec nous ? »

– *wen* « où ? »

L'adverbe interrogatif *wen* dérive de l'adverbe *wēn* « où ? » de l'arabe soudanais. En JA, *wen* peut jouer un rôle d'adverbe (24) ou de complément prépositionel (25) et il apparaît toujours en fin d'énoncé.

(24) *íta gi=rówa wen* ↓
2SG NPONC=aller où
« Tu vas où ? »

(25) *arabíya de ja min=wén* ↓
voiture PROX.SG venir de=où
« D'où vient cette voiture ? »

– *mitén* « quand ? »

L'adverbe interrogatif *mitén* dérive de l'adverbe *mitēn* « quand ? » de l'arabe soudanais. Tout comme *wen*, *mitén* peut jouer un rôle d'adverbe (26) ou de complément prépositionel (27) et il apparaît toujours en fin d'énoncé.

(26) *úo ja mitén* ↓
3SG venir quand
« Quand est-il venu ? »

(27) *zol de gi=géni híni min=mitén* ↓
homme PROX.SG NPONC=rester ici de=quand
« Cet homme habite ici depuis combien de temps ? »

– *kef* « comment ? »

L'adverbe interrogatif *kef* dérive de l'adverbe **kēf* « comment » de l'arabe soudanais. En JA, il peut apparaître aussi bien en tête (28) qu'en fin d'énoncé (29).

(28) *kef íta* ↓
comment 2SG
« Comment vas-tu ? »

(29) *íta gum kef* ↓
2SG se_lever comment
« Comment t'es-tu levé ? »

9.2.2.2. L'interrogation partielle pronominale

L'expression de l'interrogation partielle pronominale se base sur l'emploi des pronoms interrogatifs suivants :

– *munú* « qui ? »

Le pronom interrogatif *munú* dérive de l'arabe soudanais **munú* « qui ? ». Il peut fonctionner soit comme pronom en position préverbale (30) soit comme un prédicat après une tête nominale (31).

(30) *munú bi=já istána ána fi=maháta* ↓
qui IRR=venir attendre 1SG dans=gare
« Qui viendra m'attendre à la gare (des bus) ? »

(31) *de munú* ↓
PROX.SG qui
« Qui est celui-ci ? »

munú peut aussi fonctionner comme un complément prépositionel avec un référent animé comme c'est le cas pour *ma=munú* « avec qui ? » dans l'exemple suivant :

(32) *íta gi=géni~géni ma=munú* ↓
2SG NPONC=rester~rester avec=qui
« Avec qui habites-tu? »

– *šenú* « quoi ? »

Le pronom interrogatif *šenú* dérive de l'arabe soudanais **šenú* « quoi ?». De la même manière que *munú* « qui ? »*, šenú* peut fonctionner soit comme un pronom en position préverbale (33) soit comme un prédicat, après une tête nominale (34).

(33) *šenú jíbu íta fi=júba* ↓
quoi amener 2SG dans=Juba
« Qu'est ce qui t'a amené à Juba ? »

(34) *de šenú* ↓
PROX.SG quoi
« Qu'est-ce que c'est que ça ? »

De plus, *šenú* peut fonctionner comme un complément prépositionel avec un référent inanimé, comme c'est le cas pour *fi=šenú* « à quoi ? » dans l'exemple suivant :

(35) *íta gi=fékir fi=šenú* ↓
2SG NPONC=penser dans=quoi
« Tu penses à quoi ? »

– *yatú* « lequel ? »
Le pronom interrogatif *yatú* dérive de l'arabe soudanais **yatú* « lequel ? ». La question marquée par *yatú* porte sur un groupe restreint et prédéterminé d'options. *yatú* ne marque pas de distinction entre référents animés et inanimés et il peut apparaître isolé (36) ou en tête d'énoncé interrogatif (37).

(36) *yatú* ↓
lequel
« Lequel ? »

(37) *yatú tábe le=ítakum* ↓
lequel appartenir à=3PL
« Lequel vous appartient ? »

– *yátu* « quel ? »
yátu dérive de l'arabe soudanais **yátu* « lequel ». La question marquée par *yatú* porte sur un groupe ouvert d'options. À la différence de *yatú* « lequel », *yátu* « quel » est normalement employé comme déterminant interrogatif, il suit l'élément nominal qu'il modifie (38-39) et il ne peut pas apparaître isolé.

(38) *hayawan-át tan-ín yátu gi=géni fi=gaba* ↓
animal-PL1 deuxième-PL1 quel NPONC=rester dans=forêt
« Quels autres animaux habitent dans la forêt ? »

(39) *de yátu šédera* ↓
PROX.SG quel arbre
« Quel type d'arbre est-ce ? »

yátu peut aussi fonctionner comme un adverbe interrogatif en combinaison avec un élément nominal. Dans ce cas, il apparaît en tête d'énoncé comme on peut le voir dans l'exemple suivant :

(40) *yátu záman íta gi=rákabu ákil fi=bét* ↓
quel temps 2SG NPONC=cuisiner nourriture dans=maison
« À quel moment (de la journée) tu cuisines à la maison ? »

– *wenú* « où est-il ? »
wenú dérive de l'arabe soudanais **wēn=ú* « où=3SG.M » et il fonctionne comme un adverbe pronominal interrogatif remplaçant la combinaison de l'adverbe interrogatif *wen* « où ? » (*cf.* 9.2.2.1.) et du pronom personnel de troisième personne singulier *úo* (*cf.* 3.9.). Il peut

apparaître isolé (41) ou en fin d'énoncé avec une fonction anaphorique (42).

(41) *wenú* ↓
où.PRO
« Où est-il ? »

(42) *akú táki de wenú* ↓
frère POSS.3SG PROX.SG où.PRO
« Il est où ton frère ? »

9.2.3. Question tag

La question tag est une stratégie syntaxique pour transformer un énoncé déclaratif en énoncé interrogatif en insistant sur son aspect rhétorique. En AJ, la question tag est marquée par le terme interrogatif *sah* (glosé Q.TAG) qui dérive de l'arabe soudanais **ṣāḥ* « vrai ». La marque *sah* suit toujours l'énoncé déclaratif qu'elle modifie. Elle est prosodiquement isolée et associée à une intonation ascendante comme on peut le voir dans les exemples suivants :

(43) *de mána hája itnén / sah* ↑
PROX.SG sens chose deux Q.TAG
« Cela indique une chose en double, n'est-ce-pas ? »

(44) *íta lázim dúgu bab ta zol / sah* ↑
2.SG devoir frapper porte POSS homme Q.TAG
« Tu dois frapper à la porte de quelqu'un, n'est-ce-pas ? »

Les différents termes d'interrogation de l'AJ peuvent être résumés comme suit :

Forme	**Sémantique**
hal	interrogation totale positive
músu	interrogation totale négative
malú	interrogation partielle adverbiale de cause
wen	interrogation partielle adverbiale de lieu
kef	interrogation partielle adverbiale manière
mitén	interrogation partielle adverbiale de temps
kam	interrogation partielle adverbiale de quantité
munú	interrogation partielle animée « qui ? »
šenú	interrogation partielle inanimée « quoi ? »
yatú	interrogation partielle inderminée « lequel ? »
yátu	interrogation partielle determinée « quel ? »
wenú	interrogation adverbe-pronominale « où est-il ? »
sah	Question tag

Tableau 18. Les termes d'interrogation

9.3. LA FOCALISATION

Nous définissons ici le focus comme une fonction pragmatiquement marquée qui agit sur l'information la plus saillante d'un énoncé (Dik *et al.* 1981). Dans cette perspective, différents cadres informatifs correspondent à différents types de focus. L'AJ possède trois marques morphologiques de focus : *zátu, yáwu* et *yawú* (Manfredi et Tosco 2014b ; Caron *et al.* 2015). En dépit du fait que ces marques sont spécialisées dans le marquage de différents cadres informationnels, tous les trois jouent un rôle important dans la structure informationnelle. Cela s'explique par le fait qu'en AJ, le focus est toujours exprimé *in situ.* Cela signifie que l'ordre des constituants ne joue aucun rôle dans le marquage des éléments focalisés. De même, la prosodie est marginale dans le marquage des trois types de focus. C'est ainsi que l'AJ se caractérise comme une langue avec un marquage morphologique obligatoire des éléments focalisés.

9.3.1. Le focus contrastif

Le focus contrastif évoque un contraste entre l'élément focalisé et d'autres éléments non-focalisés qui peuvent occuper la même position. L'AJ marque le focus contrastif au moyen du morphème *zátu* (glosé CONTR) qui dérive de la marque réflexive **zāt=u* « même=3SG.M » de l'arabe soudanais. *zátu* suit toujours l'élément focalisé qui n'est pas associé à une intonation contrastive. *zátu* apparaît typiquement dans des réponses à des questions disjonctives comme on peut le voir dans l'exemple suivant[46] :

(45) *šédera de yáwu keɲúket ↑ wéle komurí ↓*
arbre PROX.SG INF kenyuket ou komurí
« Cet arbre est le *kenyuket* ou le *komurí* ? »

de keɲúket zátu
PROX.SG kenyuket CONTR
« C'est bien le *kenyuket*. » (Ce n'est pas le *komurí*)

De façon plus générale, *zátu* peut marquer un focus contrastif sur un sujet (46), sur un argument direct (47) ainsi que sur un argument indirect (48).

(46) *íta zátu g=áynu zurúf tánna kef*
2SG CONTR NPONC=voir condition.PL POSS.1PL comment
« Tu peux bien voir comment on vit. »

(47) *ána kan gi=rówa imtéhin imtihan-át zátu*
1SG ANT NPONC=aller soutenir_examen examen-PL1 CONTR
« J'allais passer des examens. »

(48) *kan úo rówa fi=šimál zátu*
COND 3SG aller dans=nord CONTR

úo b=árif wónusu ma=nás
3SG IRR=savoir discuter avec=gens
« S'il allait au nord, il pourrait discuter avec les gens. »

zátu peut aussi focaliser des prédicats verbaux qu'ils soient positifs (49) ou négatifs (50).

(49) *ána ligó zátu mašákil ketír*
1SG trouver CONTR problème.PL beaucoup
« J'ai fait face à beaucoup de problèmes. »

---

[46] Dans les exemples suivants, les éléments focalisés apparaissent soulignés dans la ligne de traduction.

(50) *íta ma b=ágder dówru zátu*
2SG NEG IRR=pouvoir marcher CONTR
« Tu ne peux même pas marcher. »

Enfin, *zátu* peut marquer un focus contrastif sur des verbes auxiliaires comme c'est le cas pour *kan* (*cf.* 5.4.1.) dans l'exemple suivant :

(51) *íta kan zátu ma géni áynu ána*
2SG ANT CONTR NEG rester regarder 1SG
« Tu n'étais pas en train de me regarder. »

9.3.2. Le focus informationnel

Le focus informationnel insiste sur le statut non-présupposé d'une information. L'AJ exprime le focus informationnel au moyen du morphème *yáwu* (glosé INF) qui est le résultat de la grammaticalisation de la marque emphatique *ya* (*cf.* 3.15. note 19) en combinaison avec le pronom de troisième personne du singulier *úo* (*cf.* 3.9.). À la différence de la marque contrastive *zátu,* le morphème *yáwu* précède toujours l'élément focalisé. Comme nous l'avons déjà remarqué (*cf.* 3.16.), dans des phrase prédicationnelles, *yáwu* est placé entre la tête nominale et le prédicat nominal représentant l'information non-présupposée de l'énoncé. Ainsi l'adjectif *kaltán* « fautif » en (52) et *jéna tái* « mon bébé » en (53).

(52) *íta yáwu kaltán*
2SG INF fautif
« Tu es fautif. » (Miller 2008b)

(53) *de yáwu jéna tái*
PROX.SG INF bébé POSS.1SG
« Ceci est mon bébé. »

yáwu peut aussi marquer un focus informationnel sur des prédicats verbaux comme dans le cas de *jére* « courrir » en (54) et *rówa* « aller » en (55).

(54) *yála sawag-ín ta júba de yáwu gi=jére*
ensuite chauffeur-PL1 POSS Juba PROX.SG INF NPONC=courir
fi=síka héna
dans=rue ici
« De plus, les chauffeurs de Juba roulent vite dans la rue. »

(55) *úo yáwu bi=rówa fi=bét tómon*
3SG INF IRR=aller dans=maison POSS.3PL
« Il va aller chez eux. »

Enfin, *yátu* sert aussi à la focalisation de certains adverbes de manière comme *kéda* « comme ça » (*cf.* 8.1.3.).

(56) *áywa yáwu kéda*
oui INF comme_ça
« Oui, c'est comme ça. »

9.3.3. Le focus assertif

Le focus assertif marque la proéminence pragmatique d'une information présupposée et, par conséquent, il ne concerne ni le contraste informatif ni le statut non-présupposé d'une information. L'AJ exprime le focus assertif au moyen du morphème *yawú* (glosé ASS) qui, parallèlement à la marque de focus informationnel *yáwu,* est le résultat de la grammaticalisation de la marque emphatique *ya* en combinaison avec le pronom de troisième personne du singulier *úo*[47]. De la même façon que *yáwu,* la marque assertive *yawú* précède toujours l'élément focalisé. *yáwu* peut marquer un focus assertif sur des élements nominaux (57) ainsi que sur des verbes (58).

(57) *ána gi=géni fi=túkul túkul tái yawú de*
1SG NPONC=rester dans=hutte hutte POSS.1SG ASS PROX.SG
« J'habite dans (ma) maison. C'est celle-ci est ma maison. »

(58) *úo ja híni báad árba yom yawú ja*
3SG venir ici après quattre jour ASS venir
« Il est venu ici, après quatre jours, il est bien venu. »

Les marques morphologiques de focus de l'AJ peuvent être résumées comme suit :

Forme	Sémantique
zátu	focus contrastif
yáwu	focus informationnel
yawú	focus assertif

Tableau 19. Les marques morphologiques de focus

[47] Voir Manfredi et Tosco (2014b) pour une explication des différents parcours de grammaticalisation de *yáwu* INF et *yawú* ASS.

10. ANNEXES

10.1. Texte narratif : Le mariage moro

Le texte suivant est un bref monologue narratif recueilli auprès d'une femme âgée de 50 ans décrivant les pratiques de mariage chez les Moró (*mɔ̀rɔ́*), un des nombreux groupes nilotiques présents au Soudan du Sud.

ána	*bi=kélim*	*fi=zawáj*	*fi=béled*	*tánna*	*ta*	*moró*
1SG	IRR=parler	dans=mariage	dans=pays	POSS.1PL	POSS	moró

Je vais parler du mariage dans notre pays, celui des Moró.

nas	*moró*	*kan*	*úmon*	*bi=zówju*	*úmon*	*bi=dáfa*	*máli*
gens	moró	COND	3PL	IRR=marier	3PL	IRR=payer	dot

Les Moró, quand ils se marient, ils payent une dot.

lakín	*máli*	*de*	*ma*	*bi=kún*	*ketír*
mais	dot	PROX.SG	NEG	IRR=être	beaucoup

Mais la dot n'est pas trop chère.

zey	*b=asalú*	*molódo*
comme	IRR=demander\PASS	houe

Par exemple, on demande (d'offrir) une houe.

bi=jibú	*molódo*	*hárba*	*wa*	*daŋá*
IRR=amener\PASS	houe	lance	et	arc

On apporte une houe, une lance et un arc.

haj-át	*al*	*áhal*	*ta*	*wéled*	*bi=dáfa*	*le=áhal*	*ta*	*biníya*
chose-PL1	REL	famille	POSS	garçon	IRR=payer	à=famille	POSS	fille

Ce sont les cadeaux que la famille du garçon donne à la famille de la fille.

kúlu	*nas*	*bi=já*	*úmon*	*bi=límu*	*sáwa*
tout	gens	IRR=venir	3PL	IRR=réunir	ensemble

Tout le monde vient, ils se réunissent ensemble

wa	*úmon*	*bi=dáfa*	*haj-át*
et	3PL	IRR=payer	chose-PL1

et offrent ces cadeaux.

báadma	*úmon*	*kalás*	*dáfa*	*haj-át*	*del*
après_que	3PL	définitivement	payer	chose-PL1	PROX.PL

Après avoir offert tous ces cadeaux,

kúlu nesib-át bi=jíbu haj-át le=nesib-át
tout belle_sœur-PL1 IRR=amener chose-PL1 à=belle_sœur-PL1
les belles-sœurs apportent à leur tour des cadeaux à leurs belles-sœurs.

molódo bi=wedí yála kan jibú molódo
houe IRR=donner ensuite si amener\PASS houe
On donne la houe. Quand la houe est offerte,

báda yom kebír nas b=ámulu fógo merísa
commencer jour grand gens IRR=faire y.ANAPH bière
c'est un grand jour, alors les gens préparent la bière (de sorgho).

nas b=ámulu keimót be=ásel fi láham
gens IRR=faire pâte_de_cacahouète par=miel EXS viande
Les gens préparent de la pâte de cacahuète avec du miel. Il y a de la viande.

hayawan-át kubár bi=katulú yála bi=nasifú láham tómon
animal-PL1 grand.PL IRR=tuer\PASS ensuite IRR=secher\PASS viande POSS.3PL
On a tué de grands animaux, et la viande a été séchée.

nas gi=géni sáwa bi=rakabú le=nesib-át
gens NPONC=rester ensemble IRR=cuisiner\PASS à=belle_sœur-PL1
Les gens restent ensemble. (La nourriture) est cuisinée par les belles sœurs.

úmon b=ákulu henák b=álabu lugára ta béled
3PL IRR=manger là-bas IRR=jouer percussion POSS pays
C'est là-bas qu'elles mangent et dansent la *lugára* traditionnelle.

nuswán bi=líbisu tandúra
femme.PL IRR=endosser jupe_traditionnelle
Les femmes endossent la jupe traditionnelle.

fi líbsa ta rujál gi=nadí tífu
EXS vêtement POSS homme.PL NPONC=appeler tifu
Il y a un vêtement d'homme qui s'appelle le *tifu.*

umon bi=líbisu tífu de
3PL IRR=endosser tifu PROX.SG
Ils endossent le *tifu.*

yála úmon b=álabu be=lugára zey yomén taláta yom
ensuite 3PL IRR=jouer par=percussion comme deux_jours trois jour
Ensuite, ils jouent des percussions traditionnelles pendant deux, trois jours.

badák kalás nesib-át bi=šílu biníya de
après définitivement belle_sœur-PL1 IRR=emmener fille PROX.SG
Peu après, ça y est, les belles-sœurs accompagnent la fille.

úmon bi=rówa ma=úo fi=bét tómon
3PL IRR=aller avec=3SG dans=maison POSS.3PL
Elles l'accompagnent dans leur maison.

úmon bi=šílu biníya de
3PL IRR=emmener fille PROX.SG
Elles emmènent la fille,

ya biníya bi=rówa henák wa bi=šilú banát
puis fille IRR=aller là-bas et IRR=emporter\PASS fille.PL
puis la fille va là-bas et d'autres filles sont conduites (dans la maison).

árba banát bi=gedimú
quatre fille.PL IRR= presenter\PASS
Quatre filles sont présentées,

áwal de biníya al mára bi=šílu ma=úo fi=síbir
premier PROX.SG fille REL femme IRR=emmener avec=3SG dans=rite
la première est la fille que l'épouse emmène avec elle au rite.

síbir de múda to árba yom
rite PROX.SG période POSS.3SG quatre jour
Ce rite dure quatre jours.

báad árba yom mára de bi=ríja táni fi=bét
après quatre jour femme PROX.SG IRR=rentrer deuxième dans=maison
Après les quatre jours, l'épouse rentre à nouveau chez elle

wa bes gi=géni fi=júwa badák úmon bíga bi=jáhizu
et seulement NPONC=rester dans=dedans après 3PL devenir IRR=préparer
et reste à l'intérieur. Peu après ils commencent à se préparer,

ya abú to bi=silú fi=bét ta rájil to
puis père POSS.3SG IRR=emmener\PASS dans=maison POSS homme POSS.3SG
puis, son père est emmené chez l'époux.

yála banát bi=gúm ma=awlád wa bi=gédimu áfaš to
ensuite fille.PL IRR=se_lever avec=garçons et IRR=présenter meubles POSS.3SG
Ensuite, les filles se lèvent ainsi que les garçons qui donnent le trousseau.

ya záman de kalás jahizú haj-át to
puis temps PROX.SG définitivement préparer\PASS chose-PL1 POSS.3SG
Puis, ça y est. Tout est prêt.

kamán nesib-át bi=jáhizu nas bi=báda álabu
aussi belle_sœur-PL1 IRR=préparer gens IRR=commencer jouer
Les belles sœurs aussi se préparent. Les gens commencent à danser.

háfla kebír ašán arúsa bíga jibú fi=bét
fête grand enfin épouse devenir amener\PASS dans=maison
C'est la grande fête parce que l'épouse est amenée à la maison.

báad sába yom banát ma=nuswán kubár
après sept jour fille.PL avec=femme.PL grand.PL
Après sept jours, les filles ainsi que les femmes âgées

úmon bíga bi=rija fi=bét tómon
3PL devenir IRR=rentrer dans=maison POSS.3PL
commencent à rentrer chez elles.

de ya barnámaj fi=béled tánna
PROX.SG FOC programme dans=pays POSS.1PL
C'est comme ça que ça se passe dans notre pays.

wa máli ma gi=dáfa úo ketír
et dot NEG NPONC=payer 3SG beaucoup
La dot n'est pas chère

leánu úmon éndu haj-át šwéya
parce_que 3PL avoir chose-PL1 peu
puisqu'ils ont peu de choses.

lakín hása béled bíga bi=tála kebír
mais maintenant pays devenir IRR=sortir grand
Mais maintenant, le pays a commencé à se développer

hása bíga nas bi=géru
maintenant devenir gens IRR=changer
et les gens à changer.

lakín ána kélim fi=zawáj ta moró
mais 1SG parler dans=mariage POSS moró
Cependant, j'ai parlé du mariage chez les Moró

al kan ta zamán
REL ANT POSS autrefois
tel qu'il était pratiqué il y a longtemps.

10.2. Lexique

Le présent lexique inclut exclusivement des entrées lexicales (substantifs, adjectifs et verbes) et, par conséquent, il ne comprend pas des éléments grammaticaux tels qu'ils ont été décrits dans la grammaire (pronoms, numéraux, prépositions, adverbes, verbes auxiliaires etc.). Les entrées ne sont pas limitées au lexique de base mais elles intègrent aussi des domaines sémantiques spécifiques tels que des parties du corps, des noms d'animaux, des fruits et des légumes ainsi que des noms liés à la culture matérielle. De plus, nous avons choisi d'intégrer quelques innovations lexicales propres au parler argotique des jeunes locuteurs urbains. Malgré cela, il faut remarquer que le présent lexique est loin d'être exhaustif.

a

ába (ambitr.) refuser ; *ába mára* répudier une femme.

ábinu (tr.) construire ; *abinú* (pass.).

abú père, pl. *abuhát* ; *abú dab* lézard ; *abú gáda* tortue ; *abú dánaba* personne maligne ; *abú éna wáhid* borgne ; *abú géreŋ* hippopotame ; *abú gurún* rhinocéros ; *abú injíl* ancien (adj.) ; *abú juráb* homme non circoncis ; *abú kalám* bavard ; *abú keréŋ* (adj.) estropié, boiteux ; *abú sebíb* poulpe ; *abú šok* porc-épic.

abúna prêtre.

ábyad (adj.) blanc.

adána oreille, pl. *adan-át.*

ádi (tr.) mordre; *adí* (pass.).

áfin (intr.) puer.

áfu (tr.) pardonner, exempter ; *afú* (pass.).

ágara (ambitr.) lire, étudier.

ágder (intr.) pouvoir, être capable.

ájala vélo, pl. *ajal-át* ; *ájala hedíd* jante.

ájiru (tr.) louer ; *ajirú* (pass.) ; *ájiru bára* louer (à quelqu'un).

ajúz (adj.) vieillard, vieux, pl. *ajuz-ín.*

ákil nourriture.

ákilu (tr.) nourrir ; *akilú* (pass.).

akú *frère*, pl. *akwán.*

ákudu (tr.) prendre ; *akudú* (pass.) ; *ákudu ráha* se reposer.

ákulu (tr.) manger ; *akulú* (pass.) ; *ákulu ras* tricher.

álabu (tr.) jouer, danser ; *alabú* (pass.).

álama signe, cicatrice, grain de beauté ; *álama adána* boucle d'oreille.

álimu (tr.) apprendre (formellement) ; *alimú* (pass.).

ámi oncle paternel, pl. *ami-yát.*

amiyán (adj.) aveugle, pl. *amiyan-ín.*

amúsuku (tr.) saisir ; *amusukú* (pass.).

ámulu (tr.) faire ; *amulú* (pass.) ; *ámulu hisáb* faire attention.

anáfa nez ; *hófra anáfa* narine.

angaréb lit en bois, pl. *anangaréb.*

angárta nuque.

árfa (ambitr.) lever.

árif (ambitr.) savoir.

ásalu (tr.) demander ; *asalú* (pass.).

ásed lion, pl. *nas ásed* ; *ásed abú mára* lionne.

ásel miel.

asída polenta de sorgho.

asíra feuille de papyrus, pl. *asir-át.*

ásma (ambitr.) écouter.

áswed (adj.) noir ; (n.) aubergine.

asúrubu (tr.) boire ; *asuburú* (pass.).

átaku (intr.) rire.

atarašá sourd, muet.

átis (intr.) éternuer.

átisa éternuement.

atšán (adj.) assoiffé, pl. *atšan-ín.*

awír (adj.) stupide, obstiné.
ayán (adj.) malade, pl. *ayan-ín*
áynu (tr.) voir ; *aynú* (pass.).
ázu (quasi-tr.) vouloir.
ázuma (ambitr.) accueillir.

b

báda (intr.) commencer.
bádalu (tr.) substituer, changer ; *badalú* (pass.).
báfura manioc.
bála datte.
bámba (arg.) fille.
bámbara tabouret.
bambé patate douce.
bágara vache, pl. *bagar-át.*
báhar rivière, mer.
bárid (adj.) froid ; (n.) boisson gazeuse.
bas autobus, pl. *bas-át.*
básala oignon ; *básala tum* ail.
batátis pomme de terre.
batík pastèque.
bátalu (tr.) éteindre ; *batalú* (pass.).
bátna ventre ; *bátna ida* paume de la main ; *bátna kúra* plante du pied.
baúda moustique, pl. *baud-át.*
béda œuf, pl. *bed-át.*
beíd (adj.) loin, pl. *beid-ín.*
béled pays, campagne, pl. *buldán.*
béled~béled (adj.) campagnard.
belíd (adj.) fou, pl. *belid-ín.*
bémbi (adj.) rose.
beŋ maitre, noble.
béredu (tr.) (se) laver ; *beredú* (pass.).

bériku (tr.) bénir ; *berikú* (pass.).
bet maison, pl. *buyút* ; *bet ta dubán ásel* ruche.
bíga (intr.) devenir.
biníya fille, pl. *banát.*
bíu (tr.) acheter ; *biú* (pass.) ; *bíu bára* vendre.
bízra graine ; *bízra éna* pupille.
bob (arg.) argent.
bobúr générateur ; *babúr wasáka* dépôt d'ordures.
bonjós (arg.) jeune homme.
bontolón pantalon, pl. *banatlín.*
bóya peinture.
budá biens.
búma chouette.
burj tour ; *burj ta jámi* minaret ; *burj ta kenísa* clocher.
burtukán orange.
buzá salive.

b'

b'agó pois chiche.
b'ángiri joue.
b'ondó village.
b'óndu feuille de manioc cuite.
b'ónjo citrouille.

č

čer~čer éclat.
čúma (arg.) bouffe.

d

dab gecko, pl. *dab-át.*
dáfa (ambitr.) payer.
dáhar dos ; *dáhar idén* dos de la main.

dákal (intr.) entrer.

dákalu (tr.) insérer ; *dakalú* (pass.).

dála (intr.) être fier.

dámana dépôt, pl. *daman-át.*

dánaba queue, pl. *danab-át.*

daŋá arc, pl. *daŋ-át.*

dáraga bouclier, pl. *darag-át.*

debíba serpent ; *debíba abú ásala* python ; *debíba abú dáraga* cobra.

degíg (adj.) petit, étroit, pl. *dugág.*

déngele foie.

der (quasi-tr.) vouloir.

déribu (tr.) frapper ; *deribú* (pass.).

dérisu (tr.) enseigner ; *derisú* (pass.).

difán hôte, pl. *difan-át.*

dik coq, pl. *nas dik.*

dik~dik dik-dik, pl. *nas dik~dik.*

díkin barbe.

díri prison.

dódo amarante.

dófunu (tr.) enterrer ; *dofunú* (pass.).

dom sang.

dónki pompe à eau.

dówru (intr.) marcher, se balader.

dubán mouche, pl. *nas dubán* ; *dubán ásel* abeille ; *dubán gába* guêpe.

dudú ver de terre.

dúgu (tr.) battre ; *dugú* (pass.) ; *dúgu bára* repousser ; *dúgu éna* clignoter ; *dúgu telefón* appeler au téléphone.

dukán magasin, pl. *dakakín.*

dúsu (tr.) cacher ; *dusú* (pass.).

dusumán guerre, conflit.

d'

d'éŋele bile
d'oŋóŋ lobe occipital, pl. *d'oŋoŋ-át*

e

éna œil, pl. *en-át* ; *éna bála* noyau de datte.
éndu (quasi-tr.) avoir.
eš pain.

f

fadía honte.
fáhimu (tr.) comprendre.
falsán (adj.) désargenté, pl. *falsan-ín.*
far souris, pl. *nas far.*
fáta (ambitr.) ouvrir.
fásulya haricots blancs.
fáwru (tr.) faire bouillir, frire ; *fawrú* (pass.).
fékir (ambitr.) penser.
férik différence.
ferík équipe, pl. *ferik-át.*
fétišu (tr.) 1) chercher 2) fouiller ; *fetišú* (pass.).
fíku (tr.) dénouer ; *fikú* (pass.).
fil éléphant, pl. *fáyala.*
fílfil poivre.
fíred (n. arg.) pote.
ful cacahuètes ; *ful sudáni* arachides ; *ful másri* fèves.
fúrfuru (tr.) gratter ; *furfurú* (pass.).
fútu (tr.) surpasser, passer ; *futú* (pass.).
futúr petit-déjeuner.

g

gába forêt, pl. *gab-át.*

gáda déjeuner.

gále (ambitr.) dire.

gáli (adj.) cher.

galí vase, bourbe.

gamará lune.

ganamáya chèvre, pl. *ganamay-át* ; *ganamáya abú rájil* bouc.

ganiyán (adj.) riche, pl. *ganiyan-ín.*

gára calebasse, pl. *gar-át* ; *gára kósa* courgettes.

gási (ambitr.) raconter.

gásid (ambitr.) supposer.

gáta (ambitr.) couper ; *gáta móyo* puiser de l'eau.

gebíla tribu, pl. *gebil-át.*

gédim (intr.) avancer.

gedím (adj.) ancien, pl. *gudám.*

gédimu (tr.) présenter ; *gedimú* (pass.).

gélba cœur.

géme blé.

gemís chemise, pl. *gemis-át.*

géni (intr.) rester, habiter ; *géni téhet* s'asseoir.

geríb (adj.) proche, pl. *gerib-ín.*

gésimu (tr.) diviser ; *gesimú* (pass.).

gézma chaussure, pl. *gezm-át.*

gílib (intr.) se retourner.

gílibu (tr.) retourner ; *gilibú* (pass.).

gílid peau ; *gílid adana* lobe de l'oreille.

gísim corps.

giyáfa (adj.) beau, bon.

gófulu (tr.) fermer, couvrir ; *gofulú* (pass.).

gópo grenouille, pl. *nas gópo.*

goromút poisson-chat.

gudurúk cochon.

gum (intr.) se lever.
gumáš vêtement, pl. *gumáš-át.*
gumuría colombe.
gúrma casserole, pl. *gurm-át.*
gúru~gúru escargot de terre.
gwaŋ (intr.) (arg.) se casser.

h

habíb amoureux.
habúb vent.
habúba grand-mère, vielle femme, pl. *habub-át.*
hadád forgeron, pl. *hadad-ín.*
hádis accident.
hadís (adj.) moderne, pl. *hadis-ín.*
hafára bêche, pl. *hafar-át.*
hákamu (tr.) juger ; *hakamú* (pass.).
halág barbier.
hálifu (tr.) jurer ; *halifú* (pass.).
hámer (adj.) rouge, blond.
harámi voleur, pl. *haram-ín.*
háraka mouvement, action, pl. *harak-át.*
hárik (intr.) bouger, se déplacer.
hásil (intr.) se passer.
hášara insecte, pl. *hašar-át.*
hawsá (adj.) strabique.
háwa air, vent.
hedíd fer.
híbu (tr.) aimer ; *hibú* (pass.).
hílu (adj.) doux, joli.
himár âne ; *himár abú giríŋ~giríŋ* zèbre ; *himár abú mára* ânesse.
hímu (tr.) concerner ; *himú* (pass.).
hirbóya caméléon.

hóma fièvre.
húmu (intr.) nager.
husán cheval ; *husán abú rájil* étalon ; *husán abú mára* jument.

i

ída main, bras, pl. *idén, iden-át.*
ídi fête.
ídu (tr.) compter ; *idú* (pass.).
injíl évangile.
intáh (intr.) finir.
írik veine, pl. *urúk.*
isbidália hôpital.
istemír (intr.) continuer.
isténa (ambitr.) attendre.
ištakal (intr.) travailler.

j

ja (intr.) venir.
jabát fesses.
jáda (ambitr.) jeter.
jalába marchand nord-soudanais.
jámid (adj. arg.) bon.
jamús buffle ; *jamús abú mára* bufflesse.
janjáro haricots rouges.
jarákis seau, pl. *jirkisát.*
jarát sauterelle.
jarosón serveur.
jázar carotte.
jazár boucher, pl. *jazar-ín.*
jedíd nouveau, pl. *jedid-ín.*
jédidu (tr.) enouveler ; *jedidú* (pass.).
jek (n. arg.) homme, mec.

jémel chameau, pl. *jimál.*

jéna bébé ; *jéna akará* neveu ; *jéna bágara* veau ; *jéna ganamáya* cabri ; *jéna harám* bâtard ; *jéna idén* doigt ; *jéna jidéda* poussin ; *jéna kurúf* agneau ; *jéna ta lib~lib* poupée.

jére (intr.) courir.

jéribu (tr.) essayer, gouter ; *jeribú* (pass.).

jíbu (tr.) amener ; *jibú* (pass.).

jidéda poulet, pl. *jided-át.*

jídi grand-père.

jóngo djinn, caprice.

júbur pénis ; *júbur watá* champignon.

júluk (n. arg.) père.

juwáb lettre.

k

káab (adj.) méchant, pl. *kaab-ín.*

kab talon.

kab~kab escalier.

kabása tricheur, pl. *kabas-át.*

kábej chou.

kadám domestique, pl. *kadam-ín.*

kal oncle maternel, pl. *kilán.*

kála brousse.

kálasu (tr.) terminer ; *kalasú* (pass.).

kámba ceinture, pl. *kamb-át.*

kapaparát papillon.

kárabu (tr.) abîmer, détruire ; *karabú* (pass.).

karánga saison sèche.

karasána gravier.

kásab bois, pl. *kasab-át, kasab-ín* ; *kásab súkkar* canne à sucre.

kásma bouche, pl. *kasm-át* ; *kásma súdur* mamelon.

kásulu (tr.) laver ; *kasulú* (pass.).

katía péché.

kátifu (tr.) écrire ; *katifú* (pass.).

kátulu (tr.) tuer ; *katulú* (pass.).

kaw dolique à œil noir.

kawál homosexuel, pl. *kawal-át, kawal-ín.*

kebír (adj.) grand, âgé, pl. *kubár.*

kedís chat, pl. *kedis-át* ; *kedís abú mára* chatte ; *kedís ta gába* chacal.

keimót pâte de cacahuète.

kelí (ambitr.) laisser.

kélib chien, pl. *kuláb* ; *kélib abú mára* chienne.

keríf saison humide.

kílwa rein.

kitáb livre, pl. *kitab-át, kútub.*

kítfa épaule.

kodós pipe traditionnelle.

koforót fumée.

kokán~kokán aigrette.

kológo tisserin.

kólu~kólu dinde.

kóre (intr.) crier, pleurer.

korék faucille.

korófo feuille, pl. *korofo-jín.*

korokó malléole.

kosbó coriandre.

kúbu (tr.) verser ; *kubú* (pass.).

kujúr magie.

kurá jambe, pied, pl. *kurén.*

kúri~kúri aigle.

kurúf mouton, pl. *korofán* ; *kurúf abú rájil* bélier ; *kurúf abú mára* brebis.

kúruju (tr.) cultiver ; *kurujú* (pass.).

kwéte bière blanche traditionnelle.

kwikwíndi magie noire.

l

loboró banane, pl. *loboro-jín.*

lakám blague.

lákamu (tr.) taquiner ; *lakamú* (pass.).

lágbatu (tr.) mélanger ; *lagbatú* (pass.).

lágbata confusion.

láham viande ; *láham gába* gibier.

láma (intr.) briller.

lemún citron ; *lemún gába* citron vert.

lében lait.

lésegu (tr.) coller ; *lesegú* (pass.).

líbsa vêtement, pl. *libs-át.*

libdríd pichet, cruche.

lído hoquet.

ligó (ambitr.) trouver.

límu (tr.) réunir, ramasser ; *limú* (pass.).

lisán langue (organe).

lob'endók lézard.

lab'ib'iyít têtard.

lob'ín veuve du paradis.

lofréga louche en bois.

lógoro héron, pl. *logoro-jín.*

lógunu butor, pl. *logunu-jín.*

lokónda hôtel, pl. *lokond-át.*

loŋoyó (adj.) raid.

lomiáŋ ivrogne.

lomíŋi (adj.) crétin.

lóndo arabe (ethnonyme), pl. *londo-jín.*

losímo fumeur, pl. *losimo-jín.*

lóto (n. arg.) escroc.

lotóle lièvre, (adj.) astucieux

lubeléde paysan, pl. *lubelede-jín.*
ludáya pierre pour cuisiner, pl. *luday-át.*
lugára percussion traditionnelle, danse traditionnelle.
lugegerí araignée.
lukulíli chauve-souris.

m

maáskar champ d'entraînement.
magábir cimetière.
magfúl (adj.) fermé, pl. *magful-ín.*
mahál lieu, pl. *mahal-át* ; *mahál zára* ferme.
málaga cuillère, pl. *malag-át* ; *málaga šóka* fourchette.
mála (ambitr.) remplir.
máli dot.
maliyán (adj.) plein, pl. *maliyan-ín.*
mána (ambitr.) interdire.
maɲáŋ crocodile.
mára femme, pl. *nuswán*, *nasawín* ; *mára kélib* prostituée ; *mára rájil to mútu* veuve.
mása (ambitr.) effacer, enlever.
médresa école, pl. *medres-át, madáris.*
mélik roi ; *mélik abú mára* reine.
merfeín hyène.
merísa bière de sorgho, boisson alcoolisée.
mésil (intr.) faire semblant, se comporter.
mostúl (adj.) défoncé, pl. *mostul-ín.*
meskín (adj.) pauvre, simple, pl. *masakín.*
moksúr (adj.) cassé, pl. *moksur-ín.*
moksút (adj.) heureux, pl. *moksut-ín.*
molódo houe ; *molódo ta bágara* joug.
móɲo~móɲo désordre, foule.
móto~móto viande grillée.

mótoro pluie.
móyo eau ; *móyo éna* larmes.
móyo~móyo (adj.) liquide.
muk cerveau.
múna mortier.
munterére patates douces séchées.
múrkab bateau, pl. *marákib.*
murkáka pierre d'affûtage.
músu (tr.) sucer ; *musú* (pass.).
mútu (intr.) mourir.

n

náam autruche.
nadí (ambitr.) appeler.
nádi club.
nája (intr.) produire (agriculture), réussir.
nákisu (tr.) marchander ; *nakisú* (pass.).
nánzla rhume.
nar feu.
nazára lunettes, pl. *nazar-át.*
nedíf adj. propre, pl. *nudáf.*
néfisu (tr.) obéir.
négisu (tr.) réduire, diminuer ; *negisú* (pass.).
nénzil (intr.) descendre.
nénzilu (tr.) poser ; *nenzilú* (pass.).
naŋnáŋ (intr.) papoter.
nesíb beau-frère, pl. *nesib-ín.*
nesíba belle-sœur, pl. *nesib-át.*
nesítu (tr.) oublier ; *nesitú* (pass.).
nesíya vérité.
níbla fronde.
nígas (n. arg.) garçon de rue.

níku (tr.) baiser ; *nikú* (pass.).
nímir léopard.
nóŋulu (tr.) transférer ; *noŋulú* (pass.).
num (intr.) dormir.
nútu (intr.) sauter.

ŋ

ŋóŋo termite.
ŋulún~ŋulún (adj.) rond.
ŋun divinité.
ŋuyúm mensonge.

ɲ

ɲáma (ambitr.) fixer (du regard).
ɲerkúk enfant, garçon, pl. *ɲerkuk-át.*
ɲére (intr.) se goinfrer.
ɲerí arnaque.
ɲoŋoró moche.

o

óda chambre, pl. *od-át.*
oberól pardessus.
óntuku (tr.) prononcer.

p

pái~pái papaye.
pása (ambitr.) péter.
páska pâque.
patá lutte traditionnelle.
píri~píri piment.
prótestan protestant.

r

rába (ambitr.) faire grandir.
ragábta cou ; *dáhar ragábta* nuque.
rájil homme, pl. *rujál.*
rákabu (tr.) cuisiner ; *rakabú* (pass.).
ras tête.
rásulu (tr.) envoyer ; *rasulú* (pass.).
réinbo arc-en-ciel.
ríha parfum, odeur.
ríhim utérus.
ríja (intr.) revenir.
róbutu (tr.) attacher ; *robutú* (pass.).
róho gorge.
rówa (intr.) aller ; *rówa bára* partir.
rúkba genou ; *rúkba ída* coude.
rukúba cuisine, cabane.
rúmba (ambitr.) (arg.) manger.
rután patois, langue (ethnique).
ruz riz.

s

sáa heure, montre, pl. *sa-át.*
sábi copain, pl. *sabihát.*
sádu (tr.) aider ; *sadú* (pass.).
sága foudre, tonnerre.
sakána chaleur.
sákin (intr.) habiter.
sálab renard.
sámaga poisson, pl. *samag-át.*
salúg dragueur, pl. *salug-ín.*
saúd tabac chiqué.

sawág chauffeur, pl. *sawag-ín.*
sebíb piège.
ségete froid.
séke~séke bruine.
séli (tr.) prier ; *selí* (pass.).
sélim échelle.
sélimu (tr.) saluer ; *selimú* (pass.).
séregu (tr.) voler ; *seregú* (pass.) ; *séregu sámaga* pêcher.
siháb nuage, pl. *súhub.*
sijája tapis.
síka chemin.
simsím sésame.
sítimu vexer ; *sitimú* (pass.).
síster nonne, pl. *sister-át.*
siyád pêcheur, pl. *siyad-ín.*
sóndo (n. arg.) sandwich, pl. *sondo-jín.*
súdur poitrine.
suf poils, cheveux, laine ; *suf éna* sourcil.
súgu (tr.) conduire ; *sugú* (pass.).
súkar sucre.
sukér (adj.) petit, pl. *suker-ín.*
súku (tr.) habiller ; *sukú* (pass.).
súlba hanche.
súmu (tr.) conduire ; *sumú* (pass.).

Š

šabaán (adj.) repu, pl. *šabaan-ín.*
šáfa lèvre, pl. *šaf-át.*
šáhar mois, pl. *šuhúr.*
šakila dispute.
šamám melon.
šánta sac, pl. *šant-át*, *šúnat.*

šári route, pl. *šawári.*
šédera arbre, pl. *šeder-át* ; *šédera bála* palmier dattier.
šémis soleil.
šen (adj.) laid, méchant, pl. *šen-ín.*
šéretu (tr.) déchirer ; *šeretú* (pass.).
šílu (tr.) emmener ; *šilú* (pass.) ; *šílu bára* enlever.
šok épine.
šokús marteau.
šuwál gros sac.

t

taabán (adj.) fatigué, malade, pl. *taaban-ín.*
tabáɲa pistolet.
tábe (intr.) appartenir.
tága (ambitr.) (arg.) regarder.
tála (intr.) se présenter, devenir ; *tála bára* sortir.
tálagu (tr.) divorcer ; *talagú* (pass.).
tamtám bègue.
tandúra jupe traditionnelle.
tarbás verrou.
tárbasu (tr.) verrouiller ; *tarbasú* (pass.).
táwgu (tr.) espionner ; *tawgú* (pass.).
tayúk cervelle (d'animal).
terézi tailleur.
tik teck (arbre).
tir (intr.) s'envoler.
tor taureau, pl. *tirán.*
tóŋa (ambitr.) pincer ; *tóŋa éna* clignoter.
toríya charrue.
tówul (intr.) passer du temps.
turáb argile.
túruju (tr.) pourchasser ; *turujú* (pass.).

u

úfel (n. arg.) bombance.
úkut sœur, pl. *akwát.*
úma mère, pl. *umahát.*
úsa front, pl. *us-át.*
usbú semaine.

v

vísa visa.

w

wága (intr.) tomber.
wála (ambitr.) allumer.
wája (ambitr.) faire mal.
wasáka poussière.
watá terre, sol.
wedí (ambitr.) donner.
wéled garçon, enfant, pl. *iyál.*
wéledu (tr.) donner naissance, accoucher ; *weledú* (pass.).
werí (ambitr.) montrer.
wíliŋ~wíliŋ (intr.) brinquebaler.
wógif (intr.) être debout.
wógifu (tr.) arrêter.
wósulu (intr.) arriver.
wúsa visage.

y

yába vieil homme, pl. *yab-át.*
yábis (adj.) sec
yom jour, pl. *ayám.*

z

záhari (adj.) bleu.
záar rite de possession.
zaráf girafe, pl. *zaraf-át.*
zawáj mariage.
zebíha sacrifice.
zendíya force.
zeríba clôture pour le bétail.
zékir (intr.) se souvenir.
zékiru (tr.) rappeler ; *zekirú* (pass.).
zídu (tr.) augmenter ; *zidú* (pass.).
zirofó péquenot, pl. *zirofo-jín.*
zol homme, individu.
zurzúr moineau.

BIBLIOGRAPHIE

BAKKER, Peter, 2008. « Pidgins versus creoles and pidgincreoles », *in* S. Kouwenberg et J. V. Siegler (éds.), *The Handbook of Pidgin and Creole Studies*. Oxford, Blackwell, 130-157.

BURENG, Vincent, 1986. « Juba Arabic from a Bari perspective », *in* I. R. Dihoff et G. Dimmendaal (éds.), *Current Approaches to African Linguistics, Vol. 3*. Berlin, Mouton de Gruyter, 71-78.

CARON, Bernard, LUX, Cécile, MANFREDI, Stefano, PEREIRA, Christophe, 2015. « The Intonation of Topic and Focus: Zaar (Nigeria), Tripoli Arabic (Lybia), Juba Arabic (South Sudan) and Tamasheq (Niger) », *in* A. Mettouchi, M. Vanhove et D. Caubet (éds.), *Corpus-based Studies of Lesser-described Languages. The CorpAfroAs corpus of spoken AfroAsiatic languages*. Amsterdam, John Benjamins, 63-115.

COMRIE, Bernard, 2011. « Creoles and language typology », *in* C. Lefebvre (éds.), *Creoles, their Substrates and Language Typology*. Amsterdam, John Benjamins, 599-611.

CRISTOFARO, Sonia, 2003. *Subordination*. Oxford, Oxford University Press.

DAHL, Östen, 1985. *Tense and Aspect Systems*. Oxford, Blackwell.

DIESSEL, Holger, 1999. « The morphosyntax of demonstratives in synchrony and diachrony », *Linguistic Typology*, 29, 1-49.

DIK, Simon C., HOFFMANN, Maria, DE JONG, Jan, DJIANG, Sie, STROOMER Harry et DE VRIES, Lourens, 1981. « On the typology of Focus phenomena », *in* T. Hoekstra, H. v. d. Hulst et M. Moortgat (éds.), *Perspectives on Functional Grammar*. Dordrecht, Foris, 41-74.

GOLDSHTEIN, Yonatan, sous presse. « The Simple Emerging from the Complex: a case study in the system of nominal number in Juba Arabic», *in* P. Bakker, F. Borchenius, C. Levisen, Sippola, Eeva (éds.). *Creole Studies: Phylogenetic Approaches*. Amsterdam, John Benjamins.

HASPELMATH, Martin, 1990. « The grammaticization of passive morphology », *Studies in Language,* 14 (1), 25-72.

HASPELMATH, Martin, KÖNIG, Ekkehard. 1998. « Concessive conditionals in the languages of Europe », *in* J. Van Der Auwera (éd.), *Adverbial Constructions in the Languages of Europe*. Berlin, Mouton de Gruyter, 563-640.

HEINE, Bernd, 1982. *The Nubi Language of Kibera – An Arabic Creole*. Berlin, Reimer.

HENGEVELD, Kees, 1991. Questionnaire: the internal structure of adverbial clauses. EUROTYP theme group on Adverbial Relations, Operators and Connectives, disponible en ligne https://www.eva.mpg.de/lingua/tools-at-lingboard/questionnaires.php

HOLT, P. Malcom, DALY, M. W., 1988. *A History of Sudan: from the coming of Islam to present day.* London-New York, Longman.

KAYE, Alan, 1994. « Peripheral Arabic dialectology and Arabic pidgins and creoles », *in* J. Aguadé, F. Corriente et M. Marugàn (éds.), *Actas del Congreso Internacional sobre interferencias linguisticas arabo-romances y paralelos extra-iberos.* Zaragoza, Navarro y Navarro, 125-140.

KAYE, Alan, TOSCO, Mauro, 1993. « Early East African Pidgin Arabic », *Sprache und Geschichte in Afrika,* 14. Köln, Köppe, 269-305.

KAYE, Alan, TOSCO, Mauro, 2001. *Pidgin and Creole Languages: a Basic Introduction.* Munich, Lincolm.

KIHM, Alain, 2011. « Plural formation in Nubi and Arabic: A comparative study and a word-based approach », *Brill's Annual of Afroasiatic Languages and Linguistics 2011,* 1-20.

LUFFIN, Xavier, 2005. *Un créole arabe: le kinubi de Mombasa, Kenya.* Munich, Lincom.

LUFFIN, Xavier, 2008. « Pidgin Arabic: Bongor Arabic », *in* K. Versteegh, Mushira Eid, Alaa Elgibali, Manfred Woidich, Andrzej Zaborski (éds.), *The Encyclopedia of Arabic Language and Linguistics, Vol. 3.* Leiden, Brill, 634-639.

LUFFIN, Xavier, 2014. « The influence of Swahili on Kinubi », *Journal of Pidgin and Creole Languages*, 29 (2), 299-318.

MAHMOUD, Ushari, 1979. *Variation in the Aspectual System of Juba Arabic.* Thèse de Doctorat, Georgetown University.

MAHMOUD, Ushari, 1983. *Arabic in Southen Sudan: History and Spread of a Pidgin-Creole.* Khartoum, Khartoum University Press.

MANFREDI, Stefano, 2009. « Rendók: a youth secret language in Sudan », *Estudios de Dialectologia Norteafricana y Andalusí,* 13, 7-30.

MANFREDI, Stefano, 2010. *A grammatical description of Kordofanian Baggara Arabic.* Thèse de doctorat, Università degli Studi di Napoli "L'Orientale".

MANFREDI, Stefano, 2012. « Dialect mixing and dialect levelling in Kordofanian Baggara Arabic (western Sudan) », *in* A. Barontini, C. Pereira, A. Vincente et K. Ziamari (éds.), *Dynamiques langagières en Arabophonies : variations, contacts, migrations et créations artistiques. Hommage offert à Dominique Caubet par ses elèves et collègues.* Zaragoza, Universitad de Zaragoza, 141-162.

MANFREDI, Stefano, 2013. « Native and non-native varieties of Arabic in an emerging urban centre of western Sudan. Evidence from Kadugli. », *in* M. Lafkioui (éd.), *African Arabic: Approaches to Dialectology*. Berlin, De Gruyter, 13-51.

MANFREDI, Stefano, 2014a. « Juba Arabic corpus », *in* A. Mettouchi, M. Vanhove, D. Caubet (éds.), *ANR, CorpAfroAs: a corpus for spoken Afro-Asiatic Languages,* disponible en ligne http://corpafroas.tge-adonis.fr/

MANFREDI, Stefano, 2014b. « Qualche osservazione sull'espressione del plurale nominale nel creolo arabo di Juba », *in* G. Bertolotto, S. Bettega, E. Corino, P. Katelhön, R. Merlo (éds.), *Studi di Dialettologia Semitica, Ricognizioni 2 (1)*. Torino, Università degli Studi di Torino, 53-61.

MANFREDI, Stefano, 2017. « Demonstrative and the emergence of a definite article in Juba Arabic and ki-nubi », *Journal of Pidgin and Creole Languages* 32(2).

MANFREDI, Stefano, sous presse. « Arabic as a Contact Language ». *in* A. Benmamoun et R. Bassiouney (éds.), *Routledge Handbook of Arabic Linguistics.*New York, Routlege.

MANFREDI, Stefano, PETROLLINO, Sara, 2013a. « Juba Arabic structure dataset », *in* S. M. Michaelis, P. Maurer, M. Haspelmath, M. Huber (éds.), *Atlas of Pidgin and Creole Structures Online*. Leipzig, Max Planck Institute for Evolutionary Anthropology, diponible en ligne http://apics-online.info/contributions/64

MANFREDI, Stefano, PETROLLINO, Sara, 2013b. « Juba Arabic », *in* S. M. Michaelis, P. Maurer, M. Haspelmath, M. Huber (éds.), *The Survey of Pidgin and Creole Languages, Vol. III. Contact Languages Based on Languages from Africa, Australia and the Americas*. Oxford, Oxford University Press, 54-65.

MANFREDI, Stefano, TOSCO, Mauro (éds.), 2014a. *Arabic-based pidgins and creoles*, numéro special du *Journal of Pidgin and Creole Languages*, 29 (2).

MANFREDI, Stefano, TOSCO, Mauro, 2014b. « The morphosyntax and prosody of topic and focus in Juba Arabic », *Journal of Pidgin and Creole Languages*, 29 (2), 319-351.

MANFREDI, Stefano, TOSCO, Mauro, 2014c. « Language Uses vs Language Policy: South Sudan and Juba Arabic in the post-independence era », *in* E. Dansero, F. De Filippi, E. Fantini and I. Marocco (éds.), *Proceedings of the III CUCS Congress, Turin 19-21 Septembre 2013, JUNCO — Journal of Universities and international development Cooperation* 1, 798-802.

MANFREDI, Stefano, TOSCO, Mauro, sous presse. « A new state, an old language policy, and a pidgincreole: Juba Arabic in South Sudan », *Sociolinguistic Studies.*

MILLER, Catherine, 1983. « Le Juba-Arabic, une lingua-franca du Soudan méridional; remarques sur le fonctionnement du verbe », *Materiaux arabes et sudarabiques*, 1. Paris, Geuthner, 105-118.

MILLER, Catherine, 1986. « Un exemple d'évolution linguistique : le cas de la particule *ge* en Juba-Arabic », *Materiaux arabes et sudarabiques*, 3. Paris, Geuthner, 155-166.

MILLER, Catherine, 1987. « De la campagne à la ville, évolution fonctionnelle de l'arabe véhiculaire en Équatoria (Sud-Soudan) », *Bulletin du Centre d'Etudes des Plurilinguismes et des Situations Culturelles, 9.* Nice, Université de Nice, 27-64.

MILLER, Catherine, 1989a. « *Kelem kalam bitak :* langues et tribunaux urbains en Équatoria », *Materiaux arabes et sudarabiques*, 2. Paris, Geuthner, 23-58.

MILLER, Catherine, 1989b. « Bari interference in Juba Arabic », *in* L. Bender (éd.), *Proceedings of the 4th Nilo-Saharan Symposium*. Tübingen, Helmut Buske, 1-10.

MILLER, Catherine, 1991a. « De la cuisine familiale au commerce des spiritueux », *in* A. Kaye (éd.), *Semitic Studies in honor of Wolf Leslau, Vol. II.* Wiesbaden : Harrassowitz, 1059-1084.

MILLER, Catherine, 1991b. « Le changement linguistique à Juba et à Khartoum», *in* H. Bleuchot, C. Delmet, D. Hopwood (éds.), *Sudan-History, Identity, Ideology/Histoire, Identités, Idéologies*. Ithaca, Ithaca Press, 153-180.

MILLER, Catherine, 1993. « Restructuration morphosyntaxique en Juba-Arabic et ki-nubi : à propos du débat universaux/superstrat/substrat dans les études créoles », *Materiaux arabes et sudarabiques*, 5. Paris, Geuthner, 137-174.

MILLER, Catherine, 1994. « Créolisation et acquisition : quelques phénomènes observés à propos de l'arabe au Soudan », *in* D. Véronique (éd.), *Créolisation et acquisition des langues.* Aix-en-Provence, Publications de l'Université de Provence. 225-246.

MILLER, Catherine, 2000. « The grammaticalisation of the verb 'to say' in Juba Arabic. », *in* M. Mifsud (éd.), *Proceedings of the Third International Conference of AIDA.* Malte, EPUISE, 213-218.

MILLER, Catherine, 2001. « Grammaticalisation du verbe dire et subordination en Juba Arabic », *in* R. Nicolaï, *Leçons d'Afrique. Filiation, rupture et reconstitution des langues : un hommage à G. Manessy.* Leuven-la-Neuve, Peeters, 455-482.

MILLER, Catherine, 2002a. « The relevance of Arabic-based Pidgins-Creoles for Arabic Linguistics », *in* G. Mansour, M Doss (éds.), *Al-Lugha.* Le Caire, Arab Development Center, 7-46.

MILLER, Catherine, 2002b. « Juba Arabic as a way for expressing a Southern Sudanese identity in Khartoum. », *in* A. Youssi, F. Benjelloun, M. Dahbi, Z. Iraqui-Sinaceur. *Aspects of the Dialects of Arabic Today. Proceedings of the 4th Conference of the AIDA.* Rabat, Amaaptril, 114-122.

MILLER, Catherine, 2003. « Reduplication in Arabic-based language contact », *in* S. Kouwenberg (éd.), *Twice as meaningful: Reduplication in pidgins, creoles and other contact languages.* London: Battlebridge, 289-299.

MILLER, Catherine, 2004. « Un parler argotique à Juba », *in* D. Caubet, J. Billiez, T. Bullot, I. Léglise, C. Miller, *Les parlers jeunes, ici et là-bas.* Paris, L'Harmattan, 69-90.

MILLER, Catherine, 2008a. « Juba Arabic », *in* K. Versteegh, Mushira Eid, Alaa Elgibali, Manfred Woidich, Andrzej Zaborski (éds.), *The Encyclopedia of Arabic Language and Linguistics, Vol. 2.* Leiden, Brill, 517-525.

MILLER, Catherine, 2008b. « Corpus Linguistique Juba-Arabic ». Phonothèque de la Maison méditerranéenne des sciences de l'homme, disponible en ligne http://iremam.cnrs.fr/spip.php?article241.

MILLER, Catherine, 2010. « Southern Sudanese Arabic and the Churches », *Romania, Revue Roumaine de Linguistique,* 3-4, 383-400.

MILLER, Catherine, 2014. « Juba Arabic as a written language », *Journal of Pidgin and Creole Languages*, 29 (2), 352-384.

NAKAO, Shuichiro, 2012. « Revising the substratal/adstratal influence on Arabic creoles », *in* H. Osamu (éd.), *Challanges in Nilotic Linguistics and More, Phonology, Morphology and Syntax* (Studies in Nilotic Linguistics). Tokyo, ILCAA, 127-149.

NAKAO, Shuichiro, 2013a. « The prosody of Juba Arabic: split prosody, morphophonology and slang », *in* M. Lafkioui (éd.), *African Arabic: Approaches to Dialectology*. Berlin, De Gruyter, 95-120.

NAKAO, Shuichiro, 2013b. « A history from below: Malakia in Juba, South Sudan. C. 1927-1954 », *The Journal of Sophia Asian Studies,* 31, 139-160.

NAKAO, Shuichiro, 2015. « Focus constructions in Juba Arabic », *African Languages and Linguistics,* 9, 105-129.

NAKAO, Shuichiro, 2016. « More on Early East African Arabic Pidgin», *in* G. Grigore et G. Bițună (éds.), *Arabic Varieties: Far and Wide. Proceedings of the 11th International Conference of Aida.* Bucharest, Editura Universității din București, 413-420.

NASIR, Hugo, 2014. *Théâtre, littérature et chants d'église en arabe de Juba.* Paris, L'Harmattan.

OWEN, Roger, 1909. *Bari Grammar and Vocabulary.* London, Bumpus.

OWENS, Jonathan, 1990. « East African Nubi: Bioprogram vs. Inheritance », *Diachronica,* 7, 217-250.

OWENS, Jonathan, 1993. « Nigerian Arabic in comparative perspective », *Sprache und Geschichte in Afrika,* 14. Köln, Köppe, 85-175.

OWENS, Jonathan, 2001. « Creole Arabic: the orphan of all orphans », *Anthropological Linguistics,* 43. Bloomington, Indiana University, 348-378.

OWENS, Jonathan, 2014. « The morphologization of an Arabic creole », *Journal of Pidgin and Creole Languages*, 29 (2), 232-298.

PROKOSCH, Erich, 1996. *Arabische Kontaktsprachen (Pidgin- und Krelsprachen) in Afrika*, Grazer Linguistische Monographien, 2. Graz, Institut für Sprachwissenschaft.

SANTANDREA, Stefano, 1964. *A Tribal History of the Western Bahr el Ghazal.* Bologna, Editrice Nigrizia.

SMITH, Ian, Morris T. AMA, 2003. *Juba Arabic – English Dictionary, Kamuus ta Arabi Juba wa Ingliizi.* Kampala, Fountain Publishers.

SPAGNOLO, Lorenzo M. 1933. *Bari Grammar.* Verona : Missioni Africane.

SPAGNOLO, Lorenzo M. 1960. *Bari English Italian Dictionary.* Verona : Missioni Africane.

TOSCO, Mauro, 1995. « A pidgin verbal system: the case of Juba Arabic », *Anthropological Linguistics*, 37 (4), 495-519.

TOSCO, Mauro, MANFREDI, Stefano, 2013. « Pidgins and Creoles », *in* J. Owens (éd.), *The Oxford Handbook of Arabic Linguistics*. Oxford, Oxford University Press, 495-519.

TOSCO, Mauro, MANFREDI, Stefano, 2014. « From aspect to mood: TAM change in Juba Arabic », communication présentée au *Society for Pidgin and Creole Linguistics Summer Meeting, Aruba 5-8 Août 2014.*

TOSCO, Mauro, OWENS, Jonathan, 1993. « Turku: a descriptive and comparative study », *Sprache und Geschichte in Afrika,* 14. Köln, Köppe, 177-267.

VERSTEEGH, Kees, 1984. *Pidginization and Creolization: the Case of Arabic*. Amsterdam, John Benjamins.

VERSTEEGH, Kees, 1993. « Levelling in the Sudan: From Arabic Creole to Arabic Dialect », *International Journal of the Sociology of Language,* 99. Berlin, De Gruyter, 65-79.

VERSTEEGH, Kees, 2014. « Pidgin verbs: infinitives or imperatives? », *in* I. Buchstaller, A. Holmberg, et M. Almoaily (éds.), *Pidgins and Creoles beyond Africa-Europe Encounters.* Amsterdam, John Benjamins, 141-169.

VERSTEEGH, Kees, 2016. « Aspect marking in Juba Arabic and Ki-Nubi », *in* P. Cassuto, M. Sartori, et M. Giolfo (éds.), *Approaches to the History and Dialectology of Arabic in honor of Pierre Larcher*. Leiden, Brill, 451-473.

YOKWE, Elisai M, 1987. « The diversity of Juba Arabic », *in* R. G. Schuh (éd.), *Studies in African Linguistics,* Supplement 9, 323-328.

WATSON, Richard, 1985. *Juba Arabic for Beginners.* Nairobi, Summer Institute of Linguistics.

WELLENS, Ineke, 2005. *The Nubi Language of Uganda. An Arabic Creole in Africa.* Leiden, Brill.

LISTE DES TABLEAUX

TABLE DES MATIÈRES

PRINTED ON PERMANENT PAPER • IMPRIME SUR PAPIER PERMANENT • GEDRUKT OP DUURZAAM PAPIER - ISO 9706
N.V. PEETERS S.A., WAROTSTRAAT 50, B-3020 HERENT